刘鑫◎著

国有企业市场营销的创新模式

GUOYOU QIYE SHICHANG YINGXIAO DE CHUANGXIN MOSHI

天津出版传媒集团
天津科学技术出版社

图书在版编目(CIP)数据

国有企业市场营销的创新模式 / 刘鑫著. -- 天津 : 天津科学技术出版社, 2023.6

ISBN 978-7-5742-1278-7

Ⅰ. ①国… Ⅱ. ①刘… Ⅲ. ①国有企业 - 市场营销 - 研究 - 中国 Ⅳ. ①F279.241

中国国家版本馆CIP数据核字(2023)第099758号

国有企业市场营销的创新模式
GUOYOU QIYE SHICHANG YINGXIAO DE CHUANGXIN MOSHI

责任编辑：吴文博
责任印制：兰　毅

出　　版：天津出版传媒集团
　　　　　天津科学技术出版社
地　　址：天津市西康路35号
邮　　编：300051
电　　话：（022）23332377
网　　址：www.tjkjcbs.com.cn
发　　行：新华书店经销
印　　刷：石家庄汇展印刷有限公司

开本 710 × 1000　1/16　印张 14.75　字数 200 000
2023年6月第1版第1次印刷
定价：88.00元

前　言

随着我国市场经济的不断发展，国有企业作为国家经济的重要组成部分，在市场竞争中面临着诸多挑战。国有企业在长期的市场运营中积累了丰富的经验，但由于历史原因和管理体制等因素的制约，仍存在一些问题，如市场开拓难度大、品牌建设不足、缺乏创新能力等，这些问题导致国有企业的竞争力相对较弱。因此，如何提升国有企业在市场上的竞争力成为当前需要解决的问题。

科技创新和研发投入是提升企业竞争力的重要保障。国有企业应加强科技创新和研发投入，通过技术创新和新产品研发提高市场竞争力。同时，随着市场环境的不断变化和新技术的出现，国有企业需要不断创新市场营销模式，以适应市场需求，提高市场营销效率。因此，本书以“国有企业市场营销的创新模式”为主题，对国有企业市场营销相关的理论和实践进行了系统的探讨和研究。

本书共分为七章。第一章阐述了国有企业改革发展的理念、国有企业市场营销的重大意义以及国企市场营销观念及方法的创新。第二章主要讲述了市场营销学的产生与发展、企业市场营销的战略规划和企业目标市场的选择与定位。第三章主要探讨了国有企业的分类与功能、国有企业的经营管理和国有企业的独立核算制。第四章分析了国有企业进入市场的基本条件，包括以现代市场经济理论指导企业营销工作、以市场为导向重塑企业运行机制、以效益为中心形成经济结构优化机制、从产品经营到资本经营的实践研究以及做好人才支撑建设。第五章主要阐述了模拟民营企业人力资源开发、模拟民营企业市场管理和模拟民营企业市场营销。第六章主要介绍了微电影营销模式、社会化媒体营销模式、微信营销模式和微博营销模式。第七章主要探讨了“互联网+”背景下国有企业市场营销模式、“大数据”背景下国有企业市场营销模式、“新经济”背景下国有企业市场的营销模式。

本书主要研究意义在于以下几点：

（1）对国有企业市场营销的现状进行全面分析和研究，为国有企业进行市场营销提供参考。

（2）通过梳理企业市场营销相关理论和国有企业相关理论，探索国有企业市场营销的理论基础和实践依据，提高国有企业的市场营销能力。

（3）研究国有企业模拟民营企业市场营销模式、现代数字化国有企业市场营销创新模式和多元背景下国有企业市场营销的创新模式，为国有企业提供可行的营销策略和解决方案。

（4）探讨如何将市场营销与科技创新结合起来，促进国有企业的科技创新和研发投入，为国有企业的发展提供新思路和新方向。

本书旨在探讨如何以创新的方式推动国有企业市场营销的发展，促进国有企业的科技创新和研发投入。同时，本书也为国有企业的市场营销提供了创新模式和理论支持，希望能够为广大企业家、管理者和研究者提供有益的借鉴和参考。

目 录

第一章　概述

第一节　国有企业改革发展的理念

国有企业改革发展的理念是对国有企业进行改革，提升其竞争力和创新能力，实现国有企业的持续发展和国家经济的长期稳定增长。该理念强调的是市场导向和创新驱动，同时要维护国家和社会的利益，促进社会公平和经济可持续发展。以下是国有企业改革发展的主要理念。

一、市场导向

（一）注重经营效益和社会效益的统一

市场化改革要求国有企业在追求经济效益的同时，也要承担起相应的社会责任。国有企业不仅要关注自身的经营利润，还要关注自身对社会的贡献，做好环境保护、职工福利、公益事业等方面的工作，实现经济效益和社会效益的统一，促进国有企业的可持续发展。

（二）提高市场竞争力和适应能力

在市场化的环境下，企业的市场竞争力和适应能力是衡量企业成功与否的重要标志之一。国有企业应该根据市场需求和竞争状况，实现向高效、高品质、高附加值的方向转型，提高经济效益和社会效益。

（三）建立现代企业制度

建立现代企业制度是国有企业适应市场化改革的必然要求。国有企业应该强化企业法人治理结构、内部管理机制、市场化运作机制、财务管理机制等方面的建设，提高管理水平和市场竞争力。

（四）深化产权制度改革

产权制度改革是市场化改革的重要内容之一。国有企业应该深化产权制度改革，推进股权多元化、股份制改革，增强企业的适应能力。

（五）推进资产重组和优化配置

国有企业需要根据市场状况，进行资产重组和优化配置，提高资源利用效率，实现经济最大化。

二、深化改革

随着国有企业改革的不断深化，国有企业的发展方式发生了较大转变，科技创新取得重大突破，迈出坚实的高质量发展步伐，国有企业推动经济社会发展的“顶梁柱”作用彰显。

发展无止境，改革不停步。在总结改革成就的同时，新一轮的国有企业改革行动即将展开。国务院国有资产监督管理委员会将以提高企业核心竞争力和增强核心功能为重点，深入实施新一轮国有企业改革深化提升行动，继续推动国有资本和国有企业做强做优做大，在建设现代化产业体系、构建新发展格局中发挥更大作用。深化改革将从以下五方面着手。

（一）围绕增强产业引领力深化改革，更好推动现代化产业体系建设

聚焦实业主业，以市场化方式大力推进战略性重组和专业化整合，

加大新一代信息技术、人工智能、集成电路、工业母机等战略性新兴产业布局力度，加快在重要领域和关键节点实现自主可控，推动传统产业数字化、智能化、绿色化转型升级，引领带动我国产业体系加快向产业链、价值链高端迈进。

（二）围绕提升科技创新力深化改革，有效发挥在新型举国体制中的重要作用

强化科技创新主体作用，积极打造原创技术策源地，推动“科改示范行动”充实扩围，提升基础研究和应用基础研究能力，完善科技人才评价机制，构建以实效为导向的科技创新工作体系，提升投入产出水平，力争取得更多“从 0 到 1”的突破。

（三）围绕提高安全支撑力深化改革，着力提升安全发展能力水平

把维护经济安全、产业安全、国家安全放在更加突出位置，增强对重要能源资源的支撑托底作用，加大对通信网络、新技术、算力等新型基础设施建设的投入，切实提升应对各类风险挑战和不确定性的底气和能力。

（四）围绕打造现代新国有企业深化改革，加快完善中国特色国有企业现代公司治理

把党的领导贯穿到企业治理全过程，分层分类落实董事会职权，全面构建中国特色现代企业制度下的新型经营责任制，更大力度推行管理人员竞争上岗、末等调整和不胜任退出制度，支持国有企业结合实际探索创新更多灵活高效的激励方式，促进国有企业增活力、强动力，加快建设世界一流企业。

（五）围绕营造公平竞争市场环境深化改革，更大力度促进各类所有制企业共同发展

深入推进政企分开、政资分开，加快健全以监管资本为主的国有资产监管体制，支持国有企业依法自主经营。完善国有企业功能界定与分类，建立与公益性业务分类核算相适应的补偿机制。积极稳妥深化混合所有制改革，提升国有控股上市公司质量，鼓励国有企业同各类所有制企业加强合作，共同谱写新时代新征程的创业华章。

三、创新驱动

创新驱动发展战略实施以来，我国国有企业创新能力持续提升，在参与核心技术标准制定、拥有有效专利、新技术应用等方面取得显著成绩，在部分技术领域实现了从跟跑到并跑的跨越，并逐渐领跑行业发展。但与世界一流企业相比，我国企业处于创新前沿的较少，科技创新的质量和效率有待提升，存在原始创新能力不足、部分行业核心技术受制于人、创新成果转化率不高等问题。国有企业实现高质量发展，需要在优化要素投入方式、增强创新发展的体制机制激励等方面下更大功夫。

（一）以高附加值战略引领高端技术布局

高附加值战略的核心是通过高强度研发驱动高增长，提高企业的全要素生产率。国有企业应结合自身资源和技术优势，为向全球价值链高端攀升进行战略布局，为转型升级进行技术储备；在引进高端技术的同时，通过消化吸收再创新、集成创新和原始创新相结合的方式努力掌握关键核心技术；加快运用互联网、云计算、人工智能、大数据等现代技术发展实体经济，促进传统产业转型升级；通过提供差异化、定制化、专业化服务，加速由单一产品提供商向综合方案解决商转变；利用颠覆式创新、军民融合协同创新等方式，打造自己主导的新兴全球价值链和产业链，发展高附加值新兴产业。

（二）打造全球化开放式创新平台

当今时代，创新日渐复杂，仅仅依靠国有企业内部资源已经很难实现突破，需要在更大范围整合经济资源和要素，形成全球化开放式创新平台。国有企业应围绕行业和企业创新短板，聚焦具有决定性、枢纽性、通用性、前瞻性的重大关键技术进行研发；与国内外知名科研院所、高校形成“产学研用”技术创新战略联盟，实现各自在运行机制、组织结构、技术发展、人才培养等方面的优势叠加；打造涵盖技术、工程、产业、市场、管理全链条的一体化创新模式，实现创新链与产业链有效衔接。

（三）构建以市场需求为导向的创新体系

企业创新是一个包括新思想或新发现产生、概念形成、研究与开发、试制评价、生产制造、首次商业化和技术扩散的过程，其意义在于创造价值。应建立以企业为主体、市场为导向的创新体系，充分发挥市场对国有企业创新的导向作用，重视研发前客户需求调研，促进技术创新与商业模式创新深度融合，提高创新成果转化率；面向主要市场，充分利用当地研发资源，开展满足产品功能和性能差异化要求的本土化研发，形成属地子公司与母公司技术与市场知识互补、共同发展的机制。

（四）着力吸引、培养和留住创新人才

创新驱动从根本上说是人才驱动。有条件的国有企业可以积极稳妥实施员工持股，完善薪酬分配制度和人才培养机制，制定有效激励政策，完善对创新失败的容错机制，激发员工的创新积极性。同时，加快吸引和集聚有利于企业创新发展的各类人才，尤其是国内外相关领域的技术领军人才。将创新精神作为市场化选聘和管理企业领导人员的重要考核内容，着力激发人才创新创造动力，带动企业创新发展。

四、促进可持续发展

促进可持续发展是国有企业改革发展的重要目标。可持续发展要求企业要在经济效益的基础上，注重社会、环境和生态等方面的平衡发展。国有企业应该制定科学的企业发展战略，推进绿色生产和循环经济，推

动企业与社会和谐发展。

（一）加强企业社会责任

国有企业在实现经济效益的同时，还需承担社会责任。作为国家经济的支柱力量，国有企业不仅需要在提高经济效益方面发挥作用，还应该关注社会效益。实现经济、社会、环境的协调发展是企业可持续发展的关键。国有企业应当尊重人权，促进社会公正，应该坚守道德底线，不仅仅要在符合法律法规的前提下开展业务，还需要注意公平竞争、禁止腐败、保护消费者等诸多方面的问题，增强公众对国有企业的信任感。

国有企业应该积极履行环境保护的责任，从源头上控制污染，实行绿色发展。在资源利用方面，国有企业应该加强节能减排、循环利用等环保措施，从而实现可持续发展。国有企业应该在企业经营活动中注重社会效益，关注弱势群体和社会公益事业。

国有企业应该发挥自身的社会责任，关注社会公益事业的发展，为贫困地区和弱势群体提供帮助和支持。

（二）优化产品结构

国有企业应该通过优化产品结构，推动产业升级和结构调整，以实现经济、社会、环境效益的协同。在这方面，国有企业可以通过不断提升技术创新能力，推动向高端制造业、高附加值产业的转型升级，提供更高质量的产品和服务。

国有企业应该注重发展绿色经济，推广绿色产品，促进低碳、环保、可持续发展。绿色经济是指以低碳、高效、环保为主要特征的经济形态，这种经济形态能够减少资源浪费，减少对环境的污染，同时也有利于提高产品和服务的品质和价值。国有企业可以在产品设计、生产制造、物流配送、销售服务等方面，注重环境保护，推广低碳、环保、可持续发展的理念，为社会和环境保护做出贡献。

（三）加强环境保护

国有企业在发展过程中需要注重环境保护，采取积极措施减少对环境的污染和破坏。其中，清洁生产、循环经济等新型发展模式是可行的途径之一。此外，国有企业还应该大力发展绿色产业，积极推广绿色技术，降低生产过程中的污染物排放，实现经济效益、社会效益和环境效益的有机统一。因此，国有企业需要建立并贯彻绿色发展理念，采取一系列措施来保护环境，为人民群众提供更好的生态环境和健康的生活条件。同时，这也是企业自身发展的必然趋势，只有将经济效益、社会效益和环境效益相统一，才能够实现可持续发展。

（四）推进资源节约和能源利用

在资源和能源日益紧缺的今天，国有企业应该将节约资源和能源作为一项重要任务，采取一系列措施提高资源和能源利用效率，推广新型技术和新能源，以降低企业的生产成本，提高企业的市场竞争力。例如，企业可以采用节能减排技术，降低资源和能源的消耗，推广再生能源，如太阳能、风能等，降低对传统能源的依赖，推进循环经济，将废弃物料进行再利用，减少资源的浪费。这些措施不仅有助于企业的可持续发展，还能够推动社会的绿色发展。国有企业在这方面的积极作为，将会引领和推动整个行业的可持续发展和创新。

（五）加强企业内部管理

国有企业应当注重加强企业内部管理，推进企业规范化、透明化、信息化建设，加强企业内部治理，推进公司治理结构改革，实现国有企业管理现代化，提高企业经营效益和社会效益。

国有企业促进可持续发展的理念是实现经济、社会、环境三方面协调发展的有机统一，国有企业应该在经济发展、社会责任和环境保护方面发挥积极作用，推进企业可持续发展。国有企业应当牢固树立可持续发展意识，全面贯彻落实企业社会责任和可持续发展战略，不断完善企业发展的市场导向、深化改革、创新驱动等理念，积极探索新的发展模式和路径，促进企业转型升级、提高核心竞争力，实现经济、社会、环境效益的协同发展。

五、维护国家和社会利益

国有企业作为国家的重要经济支柱，在发展过程中，不仅要追求自身的经济效益和利润最大化，还要充分考虑国家和社会的利益，承担社会责任，推动经济社会的发展和进步。

（一）遵守法律法规和社会道德规范

国有企业应当严格遵守国家的法律法规和社会道德规范，规范企业行为，维护公正、公平的市场环境。在生产、销售等过程中，要尊重知识产权、消费者权益，不得偷税漏税，不得以牺牲国家和社会利益为代价谋求私利。

（二）注重社会效益和经济效益的协同发展

国有企业在追求经济效益的同时，还要注重社会效益，尤其要关注弱势群体和社会公益事业。企业应当在企业经营活动中注重社会效益，实现经济、社会、环境的协调发展。

（三）承担社会责任，促进经济社会的发展和进步

国有企业应当积极参与公益事业，为社会做出贡献。国有企业可以通过设立慈善基金、支持教育事业、帮助灾区等方式，为社会出应有的贡献，为经济社会的发展和进步做出贡献。

（四）推进绿色发展，保护环境和自然资源

国有企业应当注重环境保护，减少对环境的污染和破坏。国有企业应当积极探索清洁生产、循环经济等新型发展模式，大力发展绿色产业，

推广绿色技术，降低生产过程中的污染物排放，达到经济效益、社会效益、环境效益的全面提升。

六、推进国际化发展

推进国际化发展不仅是国有企业的需要，也是中国经济转型升级的必然选择。国有企业要推进国际化发展，首先要加强对全球市场的了解和研究，深入分析国际市场的形势和趋势，制定符合企业实际情况的国际化发展战略。同时，要加强对海外市场的开拓，通过建立海外分支机构、与当地企业合作等方式，开拓海外市场，提高企业的国际知名度和市场份额。

国有企业要引进国外先进技术和管理经验，积极参与国际竞争，与国际知名企业开展合作，借鉴其先进的管理经验和营销模式。此外，国有企业要树立国际化的战略意识，逐步建立符合国际标准的管理体系，提高服务质量和品牌形象，让国际市场更加认可和信赖中国企业。国有企业在推进国际化发展过程中，要加强与政府、行业协会等相关机构的合作，积极参与国际贸易谈判和国际规则制定，争取更多的政策支持和资源保障。

第二节　国有企业市场营销的重大意义

随着我国各行各业不断深化改革，城市的现代化建设进程不断加快，市场营销正逐渐成为企业发展的一个重要方向。原先的国有企业的产品大多需要由政府进行统一销售，但是随着市场化进程的不断加快，现在的国有企业需要自己面对市场，选择更好的方式进行销售和发展。面对现阶段竞争力不断增强的市场，国有企业只有改变营销理念，完善营销方式，才能迎合现阶段消费者的消费需求，满足消费者的消费欲望。

一、提高市场竞争力

市场营销可以让国有企业更好地了解市场需求和竞争对手的情况，针对市场的变化进行调整和优化，从而提高市场竞争力。例如，通过市场调研了解消费者的需求和偏好，国有企业可以有针对性地开发新产品；通过对竞争对手的研究，国有企业可以了解对手的优劣势，并有针对性地进行调整和优化；通过广告、促销等活动，国有企业可以将品牌信息传递给更多的潜在消费者，提高品牌的知名度，进而提高市场竞争力。

市场营销还可以提高国有企业的销售额和利润。通过市场营销活动，例如促销、打折等活动，企业可以吸引更多的消费者购买产品或使用服务。

二、提升企业效益

市场营销是一种以顾客需求为中心的管理理念，强调企业与市场的紧密关系，注重市场营销策略的制定和实施，从而实现企业与市场的有机结合，提高企业的市场竞争力和效益水平。

（一）提高企业产品和服务的市场竞争力

通过市场调研，国有企业可以深入了解消费者的需求和偏好，针对消费者的需求开发和改进产品和服务，并通过差异化策略和品牌营销等手段提高产品和服务的市场竞争力，吸引更多的消费者，增加销售额和利润。

（二）提高企业营销效率和成本效益

通过市场营销策略的制定和实施，国有企业可以优化营销资源的配置，提高营销效率和成本效益。例如，通过数字化营销、社交媒体营销、线上营销等新型营销手段，国有企业可以降低营销成本，提高营销效率。此外，市场营销可以促进国有企业与顾客之间的沟通和互动，建立良好的顾客关系。通过开展客户关系管理、客户投诉处理等工作，国有企业可以更好地了解顾客的需求和意见，及时调整产品和服务，提升顾客满意度和忠诚度，从而实现长期稳定的销售和利润。

三、拓展市场空间

国有企业市场营销可以拓展市场空间。而拓展市场空间的意义是多方面的。首先，拓展市场空间可以为国有企业开拓更多的销售渠道，提高产品销售量和市场份额，进而带来更多的收入和利润。其次，拓展市场空间可以帮助国有企业降低生产成本，因为扩大销售规模可以实现更高的生产效率和更优惠的采购条件，从而降低生产成本。第三，拓展市场空间可以提高国有企业的知名度和品牌价值，进而增强国有企业的市场竞争力和品牌影响力。此外，拓展市场空间还可以为国有企业提供更多的机会和资源，包括技术、人才和资本等，促进国有企业的创新和发展。

为了拓展市场空间，国有企业可以采取多种市场营销策略。首先，国有企业需要了解市场需求和消费者心理，开发符合市场需求的产品，并制定差异化的市场营销策略，从而吸引更多的消费者。其次，国有企业需要积极开拓新的销售渠道，包括线上和线下渠道，拓展销售网络和渠道资源。最后，国有企业要注重建立良好的客户关系，提高客户满意度和忠诚度，从而保持和扩大市场份额。

四、提高企业形象

对于国有企业而言，其形象和声誉对于其在市场中的竞争力和发展前景具有重要影响。国有企业应该在市场营销活动中注重品牌塑造和提升社会形象。国有企业是国家和社会的重要组成部分，其形象和声誉直接关系到国家和社会的形象和声誉。国有企业应该将品牌建设作为市场营销的重要内容，注重营造独特的企业文化和价值观，塑造自己的品牌形象和核心竞争力，以此提高消费者对企业的认同感和忠诚度。同时，国有企业应该注重社会责任的落实，通过捐赠、公益活动等方式，回馈社会，提高企业的社会形象和声誉。

市场营销不仅仅是企业向消费者推销产品或服务，更重要的是要了解消费者的需求和意见，并有针对性地进行营销策略的调整和优化。借助各种媒介和渠道，国有企业应加强与消费者和其他利益相关者的沟通和互动，了解他们的需求和反馈，改进产品和服务，提高商业效益。

五、推动企业创新

国有企业实行市场营销，通过市场反馈和市场需求，推动产品创新和技术创新，提高核心竞争力和可持续发展能力。国有企业市场营销可以促进国有企业创新，因为市场竞争的激烈程度和市场需求的不断变化都要求国有企业持续创新，以保持竞争优势和满足市场需求。通过市场营销，国有企业可以更好地了解市场的需求和变化，从而有针对性地开发新产品、改进既有产品、提供更优质的服务等。同时，市场营销也能够提供一定的市场反馈和信息，帮助国有企业了解自身在市场中的表现，及时调整企业战略和产品策略，避免过度依赖过时的产品和技术。

具体来说，国有企业市场营销有助于推动企业创新的原因如下。

（一）有助于了解市场需求和趋势

国有企业通过市场营销，可以收集和分析大量市场信息，包括顾客需求、市场趋势、竞争对手信息等，这些信息可以帮助企业更好地了解市场和顾客的需求，为产品和服务的创新提供基础。

（二）可以促进产品创新和改进

市场营销可以提供市场反馈和意见，帮助国有企业了解市场对产品和服务的评价和反馈。这些反馈可以用于指导产品的改进和创新，以更好地满足市场需求。

（三）可以促进技术创新和研发

市场营销可以促进国有企业加强技术创新和研发，从而提供更好的产品和服务。市场营销可以为国有企业提供技术和市场趋势相关信息，帮助国有企业更好地把握市场机遇，发掘潜在的技术需求，以提高产品和服务的竞争力。

（四）可以增强创新意识

通过市场营销，国有企业可以积极地了解市场和顾客的需求，提高市场敏感性和市场竞争力。同时，市场营销还可以促进国有企业内部创新文化的建立和发展，激发员工的创新热情和创造力，从而推动企业不断地进行创新和改进。

第三节 国有企业市场营销观念及方法的创新

一、国有企业市场营销观念的创新

（一）产品创新

国有企业在面对激烈的市场竞争时，需要通过产品创新来提高自身的竞争力。作为国家和社会的重要组成部分，国有企业需要树立一种新的产品创新观念，以不断提高产品质量、引入新材料和新工艺、发挥品牌优势、引入生态环保理念、加强创意设计理念等方面为目标，进一步推动企业的转型升级和可持续发展。

1. 不断提高产品质量

产品质量是企业生存和发展的重要基础，国有企业需要通过技术革新和管理创新提升产品的性能和品质，从而提高产品的竞争力和市场份额。国有企业需要关注每一个细节，注重产品的设计、制造、包装、销售等各个环节，提高产品质量，满足消费者的需求，树立品牌形象和声誉。

2. 引入新材料和新工艺

随着科技的进步和社会的发展，新材料和新工艺的应用越来越广泛。国有企业需要积极引入新材料和新工艺，开发新产品，提高产品的性能和功能，从而满足不同市场的需求，同时降低生产成本，提高盈利能力。在产品的设计和制造过程中，国有企业需要注重技术创新和研发投入，不断更新自己的技术和设备，提高产品的质量。

3. 发挥品牌优势

品牌是企业的重要资产，是企业在市场中的重要标志。国有企业需要发挥自身品牌的优势，树立品牌形象，提高品牌的知名度和美誉度。同时，国有企业需要注重品牌的特色和风格，加强品牌的文化内涵和品牌故事，不断提升品牌的价值和影响力。

4. 引入生态环保理念

在现代社会，环保已成为全球范围内的重要议题，人们对环保的要求越来越高。国有企业应该引入生态环保理念，将生态环保作为产品创新的重要方向之一，推出环保型产品，以满足消费者对环保的需求和期望，同时符合国家环保政策的要求。

基于生态环保理念，国有企业可以通过研发和应用环保型材料和新技术，开发出低碳、高效、环保的新型产品。例如，汽车制造企业可以研发电动汽车、混合动力汽车等环保型汽车；化工企业可以研发低污染、低排放的新型材料和化学品等。这些环保型产品不仅能满足市场需求，也能减少对环境的影响。

5. 加强创意设计理念

创意设计可以提高产品的附加值，增加消费者的购买欲望，为国有企业带来更高的利润。国有企业应该加强创意设计理念，注重产品的外观设计、包装设计、功能设计等方面，提高产品的美感和实用性，吸引消费者的眼球。

基于创意设计理念，国有企业可以加强设计团队建设，招聘高水平的设计人才，开展专业化的产品设计和包装设计工作。同时，企业还可以与设计院校、研究机构等合作，共同研发新产品和新技术。通过不断推陈出新，企业可以提高产品的附加值和竞争力，实现可持续发展。

（二）渠道创新

国有企业进行渠道创新可以从多个方面入手。首先，企业需要与其他渠道加强合作，例如利用电子商务平台和社交媒体等新兴渠道，以扩大市场影响力，提高销售额。此外，企业需要尝试新的渠道模式，与其他企业合作开发新产品或服务，或者利用联合营销的方式，共同推广商品或服务。

国有企业需要注重售前、售中和售后服务的创新，提供更多的客户支持、维护和管理，以满足客户的需求。在售前阶段，国有企业可以提供预售咨询服务，为客户提供详细的产品或服务信息；在售中阶段，企业可以通过服务热线和社交媒体等方式提供快速、高效的服务；在售后阶段，国有企业可以建立投诉处理渠道，提供专业的技术支持等。

（三）品牌创新

1. 强化技术创新，发力顶尖制造，打造金色品牌

顶尖制造是企业硬实力的象征，是企业迎接全球竞争的“战略威慑力量”，是专业精神的核心载体。顶尖制造集前瞻性、先导性和探索性技术于一体，当是打造国有企业品牌之根基。

2. 重视文化引领，勇担国家责任，打造红色品牌

要深入总结和挖掘国有企业的文化内涵，形成具有极强感染力和时代特征的品牌精神，做“有思想”的企业。要将国家责任与企业使命紧

密相连，让品牌精神不仅外化于行，更要内化于心。

3. 提升战略视野，聚焦细分市场，打造蓝色品牌

提升战略视野与聚焦细分市场是国有企业捕捉蓝海市场的根本能力，通过定位系统实现品类创新，通过理念系统抢占用户心智，通过识别系统实现差异化竞争，通过价值系统实现品牌溢价。

4. 专注绿色智造，聚焦生态提升，打造绿色品牌

基于绿色供应链理论，全面梳理和规划企业生态资源，倡导用最低的资源占有，强调全生命周期管理，力求把生产者责任延伸理念融入传统的供应链管理，推动链上企业持续提升环境绩效，扩大绿色产品和服务供给。

5. 推动模式创新，聚焦开放共享，打造橙色品牌

基于新时代发展理念，积极推动各领域模式创新、机制创新，为品牌注入持续增长的动力，防范品牌活力的衰退和恶化。

品牌建设是企业保持市场核心竞争力的关键法宝，国有企业进行品牌建设时必须进行整体把握。

（四）服务创新

服务是市场营销中的关键因素之一，可以提高消费者的满意度和忠诚度。国有企业需要创新服务方式和提供优质服务，包括提高服务质量、优化服务流程、开发新的服务项目等。

1. 提高服务质量

（1）了解客户需求：国有企业需要了解客户的需求和偏好，了解客户对产品和服务的期望，以提供更优质的服务。

（2）建立客户关系管理系统：建立一个完善的客户关系管理系统，对客户的信息、需求和投诉进行有效管理和跟踪。通过对客户信息的搜集和分析，该系统可以帮助国有企业更好地了解客户需求以改进服务。

（3）培训员工：国有企业需要通过培训员工来提高服务质量。为员工提供必要的技能培训，使员工具备专业的知识和技能，能够提供更优质的服务。

（4）实行质量管理体系：国有企业可以建立并实行质量管理体系，从而保证产品和服务的质量。实施质量管理体系，可以提高国有企业的生产效率和服务水平，加强对服务过程的监督和控制。

（5）提供多样化的服务：国有企业可以通过提供多样化的服务来满足客户需求，例如提供个性化定制服务、增加服务渠道、提供一站式服务等。

（6）进行客户满意度调查：国有企业可以定期进行客户满意度调查，收集客户的反馈意见，以便及时改进。

（7）加强沟通：国有企业需要加强与客户的沟通，及时回应客户的疑问和投诉，以提高客户满意度和忠诚度。

2.优化服务流程

优化服务流程的观念是应以客户为中心，注重客户体验，提供优质、高效、多样化的服务。

（1）客户体验至上：国有企业要从客户的角度出发，以客户需求为导向，关注客户体验，不断改进和优化服务流程，提高客户满意度和忠诚度。

（2）拓展服务领域：国有企业需要根据客户需求，拓展服务领域，提供多样化的服务。例如，在产品销售的基础上，提供增值服务、售后服务、定制化服务等。

（3）运用技术手段：国有企业可以运用技术手段，如智能化系统、云计算、大数据分析等，提高服务效率和质量。

（4）整合资源：国有企业需要整合内外部资源，建立跨部门合作机制，优化服务流程，实现资源共享和协同作用。

（5）不断创新：国有企业需要不断创新服务模式，利用新技术和新理念，不断提高服务质量和效率，为客户提供更好的服务。

（6）全员参与：国有企业需要让所有员工都参与到优化服务流程中，让员工认识到客户体验的重要性，并将客户体验作为企业的共同目标。

3. 开发新的服务项目

国有企业开发新的服务项目应以市场需求为导向，注重创新和差异化竞争，提供有价值、有特色的服务项目。

（1）以市场需求为导向：国有企业需要深入了解市场需求，掌握客户需求和行业发展趋势，根据市场需求定位和开发服务项目。

（2）创新和差异化竞争：国有企业需要在服务项目的创新和差异化方面下功夫，提供有特色、高附加值的服务，让自己在竞争中脱颖而出。

（3）以用户为中心：国有企业需要从用户体验出发，关注服务的便利性、快捷性、舒适性等方面，提高用户的满意度。

（4）多元化服务：国有企业需要拓展服务领域，提供多元化的服务项目。

（5）整合资源：国有企业需要整合内外部资源，建立跨部门合作机制，发挥集团企业的协同作用，为开发新的服务项目提供充足的支持。

（6）合作共赢：国有企业需要与合作伙伴建立长期稳定的合作关系，共同开发、推广、营销服务项目，实现合作共赢。

二、国有企业市场营销方法的创新

国有企业市场营销方法的创新包括以下几个方面。

（一）数据驱动营销

国有企业开展数据驱动营销，可以按照以下步骤进行。

第一步：收集数据。数据收集是数据驱动营销的基础。国有企业需要收集客户和市场的数据，如销售额、客户满意度、市场份额、客户行为等，建立完整的数据体系。同时，国有企业可以借助政府部门和第三方机构的数据资源，如人口普查数据、经济数据、行业数据等，加强市场和竞争分析。收集的数据需要存储在安全可靠的数据仓库中，以备后续分析和利用。

第二步：数据清洗和分析。收集的数据需要经过清洗和分析，以剔除无用信息和异常值。数据清洗可以采用数据挖掘和数据预处理技术，如去重、缺失值填充、异常值检测和处理等。数据分析可以采用统计学、机器学习和数据可视化等方法，从多个角度深入分析客户和市场的特征和规律。例如，可以采用聚类分析、关联规则挖掘等方法，分析客户群体和产品关联性，进一步制定营销策略。

第三步：制定营销策略。根据数据分析结果，国有企业需要制定相应的市场营销策略，针对不同客户群体，制定相应的定制化方案。例如，对于年轻客户，可以采用社交媒体和移动应用程序等数字渠道，而对于老年客户，则可以采用传统媒体和门店推广等方式。

第四步：实施营销计划。

第一，需要明确营销目标。在实施营销计划之前，国有企业需要明确具体的营销目标，例如销售额、市场份额、品牌知名度等。营销目标需要具体可量化，以便对营销计划的实施和结果进行评估和调整。第二，需要确定目标客户。国有企业需要明确自己的目标客户是谁，明确对方是年轻人、中老年人还是企业客户等。针对不同的目标客户需要采用不同的营销手段和渠道，以获得最好的营销效果。第三，需要选择合适的营销渠道。选择合适的营销渠道能够最大限度地提高营销效果。在选择营销渠道时，国有企业需要综合考虑各种因素，例如预算、目标客户、市场环境等。常见的营销渠道包括电视广告、网络广告、平面媒体广告、宣传品等。第四，需要确定营销活动的内容和形式。针对不同的营销目标和目标客户，国有企业需要制定相应的营销活动内容和形式，例如优惠促销、品牌推广、社交媒体活动等。营销活动需要符合国有企业的品牌形象和市场需求，也需要满足目标客户的需求和期望。第五，需要确定营销预算和资源。营销预算和资源是营销计划的关键要素之一，国有企业需要根据实际情况合理分配营销预算和资源，以保证营销活动的有效性和可持续性。第六，需要实施和监测营销计划。实施营销计划需要统筹协调各项营销活动，确保其有效性和协调性。国有企业需要对营销计划进行定期监测和评估，及时发现问题并进行调整和优化，以实现预期营销目标。

（二）社交媒体营销

首先，建立企业社交媒体账号是展开社交媒体营销的基础。注册并开设企业账号，可以与目标客户建立联系。此外，根据企业目标和市场需求，制定相应的社交媒体营销策略，如精准定位目标客户，提供优质内容，创新营销互动方式等。其次，国有企业可以发布与企业和产品相关的优质内容，如文章、图片、视频等，吸引目标客户的兴趣和关注。同时，互动营销也是非常重要的。利用社交媒体平台的特性，与目标客户进行互动营销，如在线问答、抽奖活动等，可以提升客户参与度和忠诚度。最后，对社交媒体营销活动进行监测和分析，不断优化和调整营销策略，提高营销效果和 ROI（投资回报率）。需要注意的是，社交媒体营销需要根据目标客户群体的特征和喜好，选择合适的社交媒体平台和营销策略，同时保持稳定的营销节奏和频率，避免影响用户体验和品牌形象。此外，要遵守相关的法律法规，保护用户隐私和知识产权，确保企业营销活动的合法性和合规性。

国有企业可以利用的社交媒体平台有很多，以下是一些常见的平台。

1.微信公众号

微信是中国最大的社交媒体平台之一，拥有超过 10 亿的用户，其中不少是国有企业的潜在客户。国有企业可以开设自己的微信公众号，发布与企业和产品相关的内容，吸引用户关注和转发，同时可以通过微信支付等功能进行商品销售和服务提供。在微信公众号上，国有企业可以展示其实力和品牌形象，提高知名度和美誉度。在此过程中，通过与客户的互动，了解他们的需求和意见，进行精准的营销和服务。

2. 新浪微博

作为中国较早的微博平台，新浪微博已经成为国内知名度较高的社交媒体平台。其用户数量巨大，覆盖面广，国有企业可以通过在微博上发布品牌形象宣传、活动促销、新产品发布等内容来吸引用户的关注和转发。同时，新浪微博也提供了一些收费服务，如微博广告等，可以帮助国有企业在平台上进行精准的推广和营销。

3. 抖音 / 快手

随着短视频时代的到来，抖音和快手已经成为中国火热的短视频平台，也成为国有企业展示品牌形象和宣传产品的重要渠道。国有企业可以通过发布与企业和产品相关的短视频内容来吸引用户的关注和转发，提高品牌知名度和曝光率。同时，这两个平台也提供了一些广告投放服务，可以帮助国有企业进行精准的推广和营销。

4.LinkedIn

LinkedIn 对于国有企业在 B2B 市场上进行营销推广尤为重要。国有企业可以通过创建企业主页和员工个人账号，在平台上发布招聘信息、行业动态、企业宣传等内容，吸引更多的目标客户和人才关注。此外，LinkedIn 也提供了广告投放服务和关键词搜索等功能，可以帮助国有企业进行更精准的商业推广和人才招聘。

5.Facebook/Twitter

Facebook 和 Twitter 在欧美等发达国家市场拥有大量的用户，对于国有企业拓展国际市场非常重要。国有企业可以在这两个平台上发布与企业和产品相关的内容，吸引用户关注和转发，也可以通过广告投放服务进行定向推广和精准营销。

（三）创新营销活动

国有企业可以通过以下几种方法创新营销活动。

1. 主题营销活动

这种营销方式通过利用特定的主题和形式，如节日、大型赛事、品牌发布等，举办各种互动、体验和分享等活动，从而吸引消费者的注意和兴趣。比如，在中国的传统节日中，许多国有企业会推出各种特别的产品或活动来庆祝，例如春节期间的红包活动、中秋节的月饼推广等。这些活动不仅可以提高用户参与感和体验感，也可以增强品牌的知名度和影响力。

2. 社交媒体互动活动

随着社交媒体的普及，利用各种社交媒体平台发布有趣、有价值的内容，如文章、短视频、图片等，来吸引用户的关注，与用户互动，已成为国有企业营销活动的重要组成部分。例如，在微博和微信等社交媒体平台上，国有企业可以发布有关产品使用方法、品牌历史、企业文化等相关内容，提供互动游戏、抽奖等活动，以吸引更多的用户关注。

3. 创意互动营销活动

通过设计创意独特、互动性强的营销活动，引发用户的好奇心和参与欲，同时推出各种有趣的游戏、趣味测试等，吸引用户的关注和参与，也可以将活动与品牌、产品等紧密结合，通过创新营销活动，不断拓展营销渠道，吸引更多的用户关注和支持。同时，国有企业应该根据自身特点和市场需求，合理设计营销活动，避免形式化和雷同化，提高营销活动的成功率和效果。

（四）多渠道营销

随着互联网的快速发展，电子商务平台已经成为国有企业推广产品和服务的重要渠道之一。国有企业在电子商务平台上开设自己的电商店铺，利用平台的流量优势和精准营销能力，能够吸引更多的消费者购买产品和使用服务，提高品牌知名度和用户关注度。除此之外，国有企业还可以利用媒体广告宣传、社交媒体营销、会议展览推广、传统推广方式、内部员工推广以及与合作伙伴共同推广等多种方式进行产品和服务的推广。

在具体实践中，国有企业可以采用线上线下相结合的营销策略，提高品牌知名度、销售额和用户满意度。例如，在线上平台宣传线下活动，吸引用户线下参与活动，增加线下实体店的流量和销售；在线上平台上提供优惠券、折扣码等促销活动，吸引用户线上购买，然后到线下实体店领取商品或服务，促进线下销售增长；在线下场合通过宣传单、展示板等方式宣传企业在线上平台的账号信息，吸引用户关注企业的线上账号，进而开展线上营销。

总之，国有企业需要根据自身特点和市场需求，灵活采取不同的营销策略和方式，利用多种渠道进行产品和服务的推广，从而提高营销效果和市场竞争力。只有通过不断创新和实践，国有企业才能在激烈的市场竞争中脱颖而出，赢得更多的市场份额和用户口碑。

（五）品牌建设

国有企业要加强品牌建设，提高品牌知名度和美誉度，增强品牌竞争力，可以从以下几个方面入手。

1.增强品牌识别度

国有企业可以通过标志、口号、颜色、形象等增强品牌的识别度，让消费者能够快速认出品牌，从而形成品牌印象。这个过程需要考虑品牌的文化背景和目标受众的特点，确保品牌标识具有独特性和区分度，要在各种渠道上进行推广，如广告、活动、宣传等，提高品牌的曝光度。

2.建立品牌形象

品牌形象是品牌的灵魂，是品牌建设的核心。国有企业可以通过品牌形象建设，如品牌声音、形象代言人、形象广告等，形成品牌的独特形象。建立品牌形象需要深入了解目标受众的心理需求和文化背景，在广告、宣传等方面进行有针对性的推广，让消费者在接触品牌时产生情感共鸣。

3. 提高产品质量和服务水平

品牌建设的基础在于产品质量和服务水平。在这个过程中，国有企业需要严格把控产品质量和服务标准，建立健全的售后服务体系，增加用户与品牌的接触点和互动性，产品质量和服务水平能够让消费者对品牌产生信任感，增强品牌的信誉度。

4. 与用户进行有效沟通

与用户进行有效沟通是品牌建设的重要环节。国有企业需要确定目标受众，并了解他们的需求、兴趣和偏好，以便更好地制定营销策略，与用户建立联系。国有企业需要通过多种渠道与用户建立联系，包括社交媒体、微信公众号、短信、电子邮件、电话等，方便用户在不同渠道获得信息。

5. 个性化沟通

在市场营销过程中，国有企业可以根据不同用户的需求、偏好和行为习惯，为他们量身定制个性化的营销方案，如国有企业可以通过提供定制服务等方式，与用户建立更紧密的联系，提高用户的满意度。

6. 及时回应用户

及时回应用户的问题和反馈是提升品牌信任度和忠诚度的重要一环。国有企业需要通过多种渠道，包括社交媒体、微信公众号、短信、电子邮件、电话等，及时回应用户的问题和反馈，让用户感受到被关注和被重视。

7. 开展品牌活动

国有企业可以通过各种品牌活动来吸引用户关注，提高品牌的知名度。例如，抽奖、打卡、互动等活动可以增强品牌的吸引力和竞争力。

8. 加强品牌监管

国有企业需要加强对品牌的监管，建立健全的品牌管理制度，明确品牌形象的维护责任和管理流程，及时发现和解决品牌管理中的问题，确保品牌形象不受损害，避免负面事件对品牌的影响。

第二章　企业市场营销相关理论

第一节　市场营销学概念

市场营销学是一门研究以满足消费者需求为中心的企业市场营销活动的学科。它的产生和发展离不开市场经济的发展。

一、市场营销学的起源与发展

（一）市场营销学的起源

“市场营销学”一词是由英语单词“marketing”翻译过来的，于20世纪初起源于美国，是一门新兴的学科。著名的管理学权威，美国西北大学教授彼得·德鲁克（Peter Drucker）认为，市场营销最早起源于17世纪的日本。他指出，市场营销是由日本三井家族的一位成员于1650年发明的。而在200年之后，美国才开始出现市场营销。

市场营销进入学术界视野是在19世纪末，美国的一些学者开始发表和出版一些分别论述推销、广告、定价、设计、品牌、包装业务、资源分配等的论著。到了20世纪初，“marketing”一词开始出现在美国大学的讲坛上。1904年，美国宾夕法尼亚大学教授克鲁西（W.E.Kreusi）开始讲授一门名为“产品市场营销”的课程。1910 年，拉尔夫·巴特勒（Ralph S.Bulter）在威斯康星大学讲授一门名为“市场营销方法”的课程，并在同年出版了一些介绍市场营销方法的小册子。1912 年，美国哈佛大学出版了赫杰特齐（J.E.Hagertgy）编写的世界上第一本正式命名为《市场营销学》(Marketing）的教科书，该书全面论述了有关推销、分销、广告等市场营销相关的问题。这是市场营销学作为一门独立学科出现的标志。

作为市场营销学的发源地，美国于1915 年正式成立全美广告协会（NATM），1931 年成立了专门讲授和研究市场营销学的美国市场营销学会(AMS)。1937 年，上述两组织合并，“全美市场营销协会”宣告成立，参加该协会的成员有从事经济理论研究的学者、企业组织的经营管理者，共同研讨市场营销学的理论及其应用问题，并设立专门为企业管理人员讲授市场营销学的讲习班，培训企业销售人才，从而确立了市场营销学的地位。

（二）市场营销学的早期发展

市场营销学的起源和发展与美国的经济和社会发展密切相关。在 19 世纪末，美国出现了一批著名的销售商，如马歇尔·菲尔德，他以推销日用百货而著名。这些销售商通过观察市场和顾客需求，创新营销方式，建立了大规模的销售网络，推动了企业的发展。同时，这些销售商也在实践中总结出了一些营销经验和技巧，这为市场营销学的发展奠定了基础。

在市场营销学的发展早期，学者主要从经济学和心理学角度探究市场营销学。美国经济学家菲利普·科特勒是市场营销学的奠基人之一，他提出了市场营销“4P”理论，即产品、价格、渠道和促销，这一理论成为市场营销学的重要基石。同时，心理学家开始关注市场营销中的顾客心理问题，研究顾客行为和决策过程，为市场营销学提供了更深入的理论基础。

20 世纪 50 年代和 60 年代，学者开始关注企业和市场环境的相互作用，将市场营销与企业战略相结合，提出了许多重要的理论和方法。例如，美国营销学家温德尔·史密斯（Wendell Smith）在 1956 年最早提出的，此后，美国营销学家菲利浦·科特勒进一步发展和完善了温德尔·史密斯的理论并最终形成了成熟的 STP 理论——市场细分（Segmentation）、选择适当的市场目标（Targeting）和定位（Positioning）。它是战略营销的核心内容，指企业在一定的市场细分的基础上，确定自己的目标市场，最后把产品或服务定位在目标市场中的确定位置上。同时，学者还开始研究品牌管理、客户关系管理等营销领域的重要问题，逐渐形成了更加完善的市场营销学理论框架。

此外，市场营销学的发展也与科技的进步密不可分。随着信息技术和互联网的发展，市场营销学也迎来了新的变革。电子商务、社交媒体等新型营销渠道的出现，使企业能够更好地了解顾客，精准推送产品和服务。同时，数据分析、人工智能等新技术也为市场营销提供了更多的手段和方法。随着时间的推移，市场营销学不断完善和发展，新技术、新理论的不断涌现也为市场营销的未来提供了更多的可能性。

（三）市场营销学的成熟发展

20 世纪 70 年代，市场营销学开始关注企业与消费者之间的关系，重视品牌形象和企业形象的营销。这一时期，市场营销学逐渐形成了完整的理论体系，涉及市场细分、产品定位、广告策划、销售管理、渠道管理等领域。

在市场营销学成熟发展的阶段，市场营销学逐渐与其他学科相互融合，形成了更加综合和完整的学科体系。例如，市场营销学和心理学、社会学、统计学等学科相互结合，推出了许多实证研究和理论创新。与此同时，市场营销学逐渐拓展到国际市场和互联网市场等领域，形成了多元化的发展态势。

二、市场营销学的理论框架

市场营销学的理论框架主要包括市场、顾客、产品、价格、渠道和推广六个方面。

（一）市场

市场是市场营销学的核心，它是指为满足特定需求而存在的群体，包括个人和组织。市场营销学的目标是为市场中的顾客提供产品和服务，满足他们的需求和期望，从而获得收益。因此，市场营销学的理论和实践都围绕着市场展开，例如如何识别市场，如何满足市场需求，等等。

（二）顾客

市场营销学强调了解顾客需求和行为，从而更好地提供产品和服务。随着互联网和信息技术的发展，企业可以更加精准地了解顾客需求，提高产品质量和服务水平，从而获得更高的市场份额和更多的收益。

（三）产品

产品是企业在市场上的竞争力量。市场营销学强调产品应该是根据顾客需求和期望来开发和设计的。市场营销学还强调了品牌和产品体验的重要性，因为它们可以提高顾客对产品的认知和信任。

（四）价格

价格是市场营销学中的一个重要因素，它影响顾客的购买决策和企业的收益。市场营销学强调了定价策略的重要性，如何确定产品的定价、如何通过优惠活动吸引顾客等都是市场营销学的重要研究方向。

（五）渠道

渠道是指将产品或服务传递给顾客的途径，包括销售代理、零售商、电子商务等。渠道管理是市场营销学的重要研究方向之一，市场营销学强调了渠道的多样性和整合性，企业需要选择适合自己的渠道并协调各个渠道之间的关系，从而提高销售效率和顾客满意度。

（六）推广

推广包括广告、促销、公关等手段，旨在吸引顾客并提高产品和品牌的知名度。市场营销学强调了数字营销和社交媒体的重要性，企业可以利用互联网和社交媒体等新型媒介进行推广，从而更加精准地吸引顾客。

三、市场营销学的核心内容

市场营销学主要包括市场调研、市场定位、产品开发、市场推广、销售管理等方面。

1. 市场调研

市场调研包括定性和定量研究，通过了解市场需求和竞争情况，为企业的市场策略提供支持。市场营销学强调了数据驱动的市场调研，企业可以通过大数据分析等技术手段来获取更加准确的市场信息。

2. 市场定位

市场定位是企业在市场中寻找自己的位置，确定自己的目标市场和目标顾客，从而制定相应的市场策略。市场定位非常重要，它可以帮助企业更加精准地满足顾客需求，并获得更多的市场份额。

3. 产品开发

产品开发是满足市场需求和提高产品竞争力的重要手段。市场营销学强调了顾客需求和体验的重要性，因此产品开发应该基于顾客需求和期望，并注重产品的品质和体验。

4. 销售管理

销售管理包括销售组织、销售目标和销售管理等方面。市场营销学强调了团队合作和销售技巧的重要性，企业需要建立高效的销售团队，并提供相应的销售培训和技能提升机会，以提高销售业绩和顾客满意度。

第二节 企业市场营销战略规划

一、市场营销战略规划的意义

市场营销战略规划是企业为了实现目标而进行的有目的、长期、系统的营销活动的规划和组织管理。市场营销战略规划是企业将内部资源与市场需求有机结合的过程，是企业为了实现自身价值而不断提升营销能力的过程。市场营销战略规划对于企业的发展具有重要意义。

（一）市场营销战略规划有助于企业明确目标

市场营销战略规划是企业实现目标的基础。企业需要制定明确的目标，根据目标进行市场营销战略规划。市场营销战略规划可以帮助企业明确自己的竞争优势和劣势，为企业的发展提供方向。

（二）市场营销战略规划有助于企业提升市场竞争力

市场营销战略规划可以帮助企业识别市场机会和威胁，制定相应的策略和计划，提高市场竞争力。只有具备强大的市场竞争力，企业才能在激烈的市场竞争中脱颖而出。

（三）市场营销战略规划有助于企业提高市场占有率

市场营销战略规划可以帮助企业提高市场知名度和品牌影响力，吸引更多的潜在客户和维护现有客户，提高市场占有率。只有在市场占有率上保持领先，企业才能在市场竞争中保持优势。

二、市场营销战略规划的要素

（一）目标市场

目标市场是企业制定市场营销战略规划的第一步。企业需要确定自己的产品或服务适合哪些客户群体，并将其作为目标市场。目标市场可以根据不同的标准进行划分，如地理位置、人口特征、消费习惯等。确定目标市场可以帮助企业更好地了解客户需求，制定针对性更强的营销策略，提高营销效果。

（二）竞争环境

企业需要了解竞争对手的产品、定价、渠道、促销等方面的信息，分析其优劣势和市场地位，制定相应的竞争战略。此外，企业还需要了解市场中潜在的替代品或新进入者的威胁，以便及时采取措施应对。

（三）产品定位

产品定位是企业为产品或服务确定的市场定位，即产品在消费者心中的位置和形象。企业需要根据目标市场的需求和偏好，以及竞争对手的差异化优势，确定产品的独特性和差异性，并形成相应的品牌形象。

（四）促销策略

促销策略可以提高品牌知名度，吸引潜在客户和维护现有客户。企业需要根据目标市场的特点和竞争环境，制定相应的促销策略。促销策略包括广告、促销、公关等方面。

（五）渠道策略

渠道策略包括渠道设计、渠道选择、渠道管理等方面。企业需要根据市场环境，选择最优的渠道模式，提高渠道效率和效益。

（六）客户关系管理

企业需要制定相应的客户关系管理策略。客户关系管理包括客户分析、客户分类、客户满意度管理、客户忠诚度管理等方面。

三、市场营销战略规划的实施

市场营销战略规划的实施是营销规划的重要阶段，它的成功与否，直接关系到企业的市场地位和发展前景。在实施阶段，企业需要从组织架构、人员培训、资源配置以及监控评估等方面进行规划和落实。

（一）建立组织架构

企业需要建立适合市场营销战略规划实施的组织架构，明确责任，确保营销策略能够有效实施。对于国有企业而言，由于其组织机构较为庞大，需要建立科学的决策层次和执行层次，同时加强各部门之间的协作，确保信息的畅通和资源的共享。

（二）进行人员培训

市场营销战略实施需要人员的支持和配合，因此企业需要对相关人员进行培训和教育，使其理解和掌握营销策略的重点和方法，提高营销效率和效果。因此，企业需要招聘和培养营销人才，不断提升团队的整体素质和能力。

（三）合理进行资源配置

市场营销战略规划的实施还需要充足的资源支持。企业需要根据营销策略和实际情况，进行资金、人力和物资等方面的合理配置，确保战略规划的顺利实施。在资源配置方面，国有企业需要加强财务管理，提高资源的利用效率，同时积极拓展合作渠道，争取更多的资源支持。

（四）建立监控评估机制

企业需要建立相应的监控评估机制，及时发现问题和不足，采取相应的措施进行改进和调整，确保营销效果的持续提高。在监控评估方面，国有企业需要加强数据分析和市场调研，对市场变化进行及时跟踪和反馈，及时调整营销策略，以适应市场的需求和变化。

（五）效果评估

对市场营销战略的实施效果进行评估是非常重要的。评估可以从多个角度进行，如客户满意度、销售额、市场占有率等，以全面分析和评估营销策略的成效。通过评估，企业可以发现战略中存在的不足和问题，进一步优化和改进营销策略。

（六）总结反思

在总结中，企业需要回顾市场环境的变化、竞争对手的行动、客户需求的变化等多个方面，企业要对自身的优势和不足进行深入的剖析，根据剖析的结果，在总结和反思的基础上，有针对性地制定下一阶段的市场营销计划，在制定计划时，企业要考虑到市场环境的变化、竞争对手的行动、客户需求的变化等多个因素，制定适合自身的市场营销策略和实施计划。

（七）监测

监测可以通过收集和分析数据以及与客户和合作伙伴的交流来实现。监测内容应该包括客户反馈、竞争对手分析和绩效监测。

1.客户反馈

客户反馈是指使用某一产品的客户对其产品所提出的关于产品的情况反馈。相关过程中某一个缺陷、顾客的抱怨点，如款式漂亮、口感偏酸等。客户反馈有着以下作用：

（1）提高自己的服务、优化产品，让顾客监督企业；

（2）客户的满意度有利于公司品牌的建立；

（3）可以帮助企业提高顾客的忠实度和黏性；

（4）提升顾客的消费体验；

（5）有效的数据让公司可以了解客户，同时为未来的产品定位做好相应的决策。

2. 竞争对手分析

为了通过了解竞争对手的信息，获知竞争对手的发展策略以及行动，以做出最适当的应对，才会进行竞争对手分析。对竞争对手的分析有四个方面的主要内容，即竞争对手的未来目标、假设、现行战略和潜在能力。

对竞争对手未来目标的分析与了解，有利于预测竞争对手对其目前的市场地位以及财务状况的满意程度，从而推断其改变现行战略的可能性以及对其他企业战略行为的敏感性；对竞争对手的假设分析，目的在于揭示竞争对手对其自身、所处产业以及产业内其他企业的评价和看法，是企业各种战略行为取向的最根本动因；对竞争对手现行战略的分析，目的在于揭示竞争对手正在做什么、能够做什么。通过对竞争对手现行战略的分析，可以帮助公司了解竞争对手目前是如何进行竞争的，如果将来竞争结构发生了变化，竞争对手进行战略调整的力度；对竞争对手能力的分析，目的在于揭示竞争对手的强项和弱点在哪里，而其优势与劣势将决定其发起战略反击行动的能力以及处理所处环境或产业中事件的能力。

3. 绩效监测

建立有效的绩效监测机制可以帮助企业及时发现问题和不足，采取相应措施进行改进和提高。企业可以利用信息技术手段建立数字化的绩效监测平台，从而更加高效和准确地收集、分析和解释数据，在此过程中，企业要确保数据的可靠性和精确性，从而避免因为数据不准确而做出错误的决策。通过设定明确的绩效指标和建立合理的绩效评估体系来建立有效的绩效监测机制，确定好谁将负责收集、分析和解释数据，并向相关方面提供反馈和建议。

第三节　企业目标市场的选择与市场定位

正确选择目标市场和正确确定市场定位可以帮助企业最大限度地满足客户需求，提高销售业绩，增加市场份额，从而实现企业的长期发展。本节将从目标市场的概念入手，详细论述企业如何选择目标市场，如何进行市场定位。

一、目标市场的概念

所谓目标市场，就是指企业在市场细分之后的若干“子市场”中，所运用的企业营销活动之“矢”而瞄准的市场方向之“的”的优选过程。例如，现阶段我国城乡居民对照相机的需求，可分为普通、中档和高档三种。调查表明，33% 的消费者需要物美价廉的普通相机，52% 的消费者需要使用质量可靠、价格适中的中档相机，16% 的消费者需要美观、轻巧、耐用、高档的全自动或多镜头相机。国内各照相机生产厂家大都以中档、普通相机为生产、营销的目标，因而市场中的普通、中档相机出现供过于求的情况，而各大中型商场中的高档相机，多从国外进口。如果某一照相机厂家选定 16% 的消费者目标，优先推出质优、价格合理的新型高档相机，就会受到这部分消费者的欢迎，从而迅速提高市场占有率。

二、选择目标市场

（一）了解市场需求

企业选择目标市场的首要任务是了解市场需求。市场需求是指在特定的地理范围、特定时期、特定市场营销环境、特定市场营销计划的情况下，特定的消费者群体可能购买的某一产品总量。企业可以通过市场调研和数据分析等方法了解市场需求，如通过问卷调查、焦点小组讨论、深度访谈等方式收集有关市场需求的信息。

（二）分析竞争对手

竞争对手是每个企业都不能忽视的，不管企业在行业中处于怎样的地位，了解和熟悉竞争对手，都能帮助企业想到更好的方案来解决生产经营中的各种问题。要了解和熟悉竞争对手，需要对竞争对手进行分析。

进行竞争对手分析需要做到以下几点。

第一，进行市场调研，对竞争对手分析，就需要掌握原始的数据，包括竞争对手的生产、经营、营销等各个方面的数据。

第二，从竞争对手的战略、企业规划、发展方向等方面进行分析，现在很多企业为了塑造好的形象，会公布企业的发展战略、规划或者方向等。

第三，分析竞争对手的产品和营销方式。要知道自己的产品和竞争对手的产品有怎样的相同之处和不同之处，营销方式有怎样的不同。比如产品功能、外包装、目前主要的营销形式和渠道等。

第四，分析竞争对手的团队，比如分析创始人和管理者的个人品质及风格，毕竟他们在一定程度上反映了团队水平。

第五，分析竞争对手的商业模式。比如分析竞争对手的主要核心业务、盈利点、发展空间等。

第六，分析竞争对手的发展。目标和发展方向，短期目标也好，长期目标也罢，要将竞争对手的主要目标和努力方向研究明白，很多时候竞争对手的方向也是自己的方向，对方的目标也需要自己去努力达成。

第七，坚持公正公平的原则，坚持自信的态度分析竞争对手，不管对方多么不堪都不能忽视，不管对方多么强大都不能怯场，企业应端正好自己的态度。

（三）确定目标市场

企业在确定目标市场时，应先需要确定产品或服务的定位和受众群体，以确保市场营销活动的针对性和有效性。确定目标市场是企业市场营销策略中至关重要的一步，它不仅直接关系到企业的产品或服务的销售情况，更关系到企业是否能够实现商业利润。因此，企业需要通过市场调查和分析，找到最有潜力的目标市场，并制定出相应的营销策略。以下是企业确定目标市场的主要步骤。

1.市场细分

市场细分是确定目标市场的第一步。市场细分是将市场分成若干个具有相似需求特征的小市场，以满足消费者个性化需求的一种方法。企业可以根据消费者的需求、行为、地理位置等多个维度，将市场划分为若干个具有相似需求特征的小市场，从而有针对性地制定营销策略。在进行市场细分时，企业可以根据市场的大小、增长率、竞争情况等因素来选择细分的市场。

2.评估市场规模

市场细分后，企业需要评估市场规模。市场规模是指潜在消费者购买某种产品或服务的总体需求。企业可以通过市场研究来评估市场规模，比如可以通过问卷调查、访谈、观察等方式获得消费者的意见和建议。在评估市场规模时，企业需要考虑多个因素，例如市场的增长率、消费者购买力、市场竞争等。

3.确定目标市场的特征

在评估市场规模后，企业需要了解目标市场的特征，例如消费者的需求、偏好、购买行为等。了解目标市场的特征可以帮助企业更好地了解目标消费者的需求，从而制定相应的营销策略。企业可以通过市场研究和分析，了解目标市场的特征。

第三章　国有企业相关理论

第一节　国有企业的分类与功能

一、国有企业的分类

（一）特殊法人企业

由政府全资支持并明确法人身份的特殊法人企业，受国家特定法律和政策规范监管，而非公司法约束。这些国有企业被赋予强制性的社会公共目标，不追求经济效益，其主要职责是直接提供公共服务。如国防设施、城市公共交通、城市绿化和水利等领域的企业均属于此类。为保证这些企业的正常运营，需要通过公共财政进行补贴。

（二）国有独资公司

国有独资公司由政府全额出资，受公司法规范。这类企业以社会公共目标为主，经济目标居次。这类企业主要是典型的自然垄断企业和资源类企业，如铁路、自来水、天然气、电力、机场等。从经济学角度，这类企业的产品或服务应该按边际成本或平均成本定价，以此来实现社会福利的最大化，而不是谋求从消费者那里攫取更多的剩余。

（三）国有控股公司

国有控股公司由政府出资控股，受公司法规范。这类企业兼具社会公共目标和经济目标，以经济目标支撑社会公共目标。这类企业主要是准自然垄断企业和国民经济发展的支柱产业，如电子、汽车、医药、机场等。需要注意的是，这类企业不直接提供公共服务，而是通过向国家财政上交股息和红利，间接提供公共服务。如果由于特殊环境，这类企业不得不履行一些公共职能，则由此造成的损失，由国家财政给予补偿。不过，在补偿以后，股息和红利不能免除。当然，通过约定和核算，二者可以相抵。

（四）国有参股公司

国有参股公司严格来说应该称之为“国家参股公司”或“政府参股公司”，不是国有企业，政府只是普通参股者，受到公司法规范。这类企业与一般竞争性企业无疑，没有强制性社会公共目标，经济目标居主导。如果它们也提供公共服务，那是它们自觉履行社会责任的行为，应该予以鼓励和支持。对于这类企业，政府参股只是为了壮大国有经济的实力，除此之外，政府对这类企业没有任何其他附加的义务。

为了保证各类国有企业尽最大可能发挥各自的作用，应该完善两种作用的评价指标体系，并赋予不同权重。公共作用采用公共绩效指标，经济作用采用财务绩效，同时辅之以其他绩效指标。公共绩效的核心指标是社会贡献率，财务绩效的核心指标是国有资产增值率，其他绩效指标主要包括客户满意度、企业运营效率、企业创新能力等。

二、国有企业的功能

（一）在实现人民共同富裕中发挥“主力军”功能

1. 为人民共同富裕创造物质财富

国有企业在发展的过程中，作为人民共同财富，已经积累了丰富的物质基础。根据《国务院关于2020年度国有资产管理情况的综合报告》显示，到2020年年末，企业国有资产（不含金融企业）资产总额268.5万亿元、负债总额171.5万亿元、国有资本权益76.0万亿元。到2020年年末，全国国有金融企业资产总额323.2万亿元、负债总额288.6万亿元，形成国有资产22.7万亿元。在2021年《财富》世界500强排行榜上，国务院国资委监管的中央企业、地方国有企业共82家。

2. 在精神富裕中促进人的全面发展

共同富裕中的精神财富包括人的全面发展。马克思、恩格斯所设想的未来社会是“自由人的联合体”，“在那里，每个人的自由发展是一切人的自由发展的条件”①。在推进共同富裕的过程中，我国主动转向人本逻辑，这是以人民为中心的发展思想的体现。

一直以来，促进职工全面发展都是国有企业努力的方向。中国特色现代企业制度这种不同于西方国家的企业制度为企业中职工的全面发展提供了可能。

坚持全心全意依靠工人阶级的方针是坚持党对国有企业领导的内在要求。在中国特色现代企业制度下，全心全意依靠工人阶级、坚持工人阶级主人翁地位、发挥工人阶级主人翁精神是对企业管理的基本要求。因此，在国有企业中，职工有双重身份，一个是人力资源，是企业所拥有的资源之一；另一个是企业的主人翁。

---

① 中共中央马克思恩格斯列宁斯大林著作编译局．马克思恩格斯选集（第1卷）[M]. 北京：人民出版社，1995: 294.

3. 在调节分配中发挥重要作用

除了初次分配，国有企业还在再分配（二次分配）中发挥重要作用，更重要的是，在抗击疫情、脱贫攻坚、抗震救灾中，国有企业承担了资源分配的重要功能。

一方面，国有企业积累和创造的物质财富为再分配提供了保障。再分配是在初次分配基础上对部分国民收入进行的重新分配，主要由政府调节机制起作用。① 一个典型的例子是上缴税费，2020 年，全国国有及国有控股企业（不含金融企业），上缴税费达 4.61 万亿元。另一个典型的例子是划转部分国有资本充实社保基金工作，截至 2020 年年末，共划转 93 家中央企业和中央金融机构国有资本总额 1. 68 万亿元。中央层面划转工作的全面完成，为促进建立更加公平、更可持续的养老保险制度提供了有力保障，充分体现了国有企业全民所有，发展成果全民共享。

另一方面，通过在抗击疫情、脱贫攻坚、抗震救灾等方面发挥不可替代的作用，国有企业实现了社会资源的重新分配。实践证明，这是调节分配的一种有效手段，是社会主义分配制度的重要组成部分。

（二）在确保社会稳定发展中发挥“压舱石”功能

经济发展是社会稳定的保障，社会稳定是经济发展的基石。离开了稳定，经济社会继续向前就是一句空话。因此，社会稳定不仅是重大的社会问题，而且是重大的经济问题和重大的政治问题。国有企业不仅要同其他企业一道坚持依法经营诚实守信、加强资源节约和环境保护、积极参与社会公益事业，而且要为整个国民经济的发展提供基础性、社会性公共产品服务，努力保障和改善民生。

1. 在保障和改善民生中发挥“压舱石”功能

（1）国有企业是社会公共基础设施和服务的主要提供者。供水、供

① 《党的十九届四中全会〈决定〉学习辅导百问》编辑组 . 党的十九届四中全会《决定》学习辅导百问 [M]. 北京：党建读物出版社，2019: 84.

电、供暖、城市公共交通、铁路等基础性公共服务领域是“自然”垄断或“自然”寡头垄断领域，关系到国计民生。国有企业是这些基础性公共服务的主要建设者和运营者。在这些行业中，国有企业不以追求经济效益为目标，而是为了实现公共利益的最大化。

（2）国有企业在解决发展不平衡上发挥重要作用。解决区域发展不平衡问题需要修建铁路、公路、电力等基础设施，但这些基础设施是市场失灵的领域，其建设周期长、效益低甚至会亏损，民营企业无力承担，且与民营企业目标不符，因此难以使用市场经济手段。国有企业的性质和使命决定了国有企业有责任承担这些设施建设。如被誉为“天路”的青藏铁路、总投资超过3600亿元的川藏铁路，其不仅具有很强的国家战略意义，而且打通了藏区和其他地区间的民生通道。

国有企业是脱贫攻坚战场上的一支重要力量，国有企业有效对接融入扶贫地区经济社会发展，实现了“产业有效益、群众有收入、企业有回报、地方有发展”的良性循环，助力贫困地区群众的生产生活发生了重大变化，为当地发展提供了强劲动力。

2. 在应对重大风险挑战中发挥“压舱石”功能

重大自然灾害、重大突发公共卫生事件是破坏社会稳定的不确定因素。在应对此类重大风险挑战时，国有企业发挥了不可替代的作用。

习近平总书记指出：国有企业还承担了大量社会责任，许多投资大、收益薄的基础设施和公共服务建设，许多周期长、风险大的基础性研发，许多国防科技工业的重大项目，许多重大自然灾害、突发事件的抗击救援，许多脱贫攻坚、改善民生的项目实施，都是国有企业扛起来的。

面对重大自然灾害，国有企业冲锋在前，迅速投入抢修交通、保障供电和通信、运输及供应战略物资中，帮助受灾群众渡过难关。灾害救援结束后，国有企业继续投入大量人力、物力和财力进行灾后重建，助力灾区人民重建家园。在汶川地震、玉树地震、雅安地震、南方雪灾、疫情及洪灾、旱灾、风灾等一系列地质、气象灾害抗灾救灾、抢险救援、应急保障等工作中，处处印刻着国有企业与全国人民携手共进、夺取胜利的奋斗足迹。

（三）在贯彻落实国家战略中发挥“顶梁柱”功能

经济基础是上层建筑的根基，筑牢经济基础既是国家战略的目标之一，也是国家战略目标实现的基础。国有资产由全体人民所有，国有企业是中国特色社会主义的重要物质基础和政治基础，这决定了国有企业是国家战略实施的中坚力量，在贯彻落实国家战略时，国有企业必须承担起国有经济的战略支撑作用，发挥“顶梁柱”功能。

1. 国有企业有能力发挥“顶梁柱”功能

国有企业的行业布局和行业基础使其有能力发挥“顶梁柱”功能。改革开放以来，特别是国务院国资委成立以来，通过不断重组整合、划定中央企业主责主业等，国有经济布局结构发生重大变化，国有资本更加集中于关系国计民生的重要行业和关键领域，国有经济的主导作用得以有效发挥，国有经济发展质量明显提高，在国际国内市场竞争中涌现出一批具有核心竞争力的骨干企业。

2. 国有企业发挥“顶梁柱”功能有制度保证

坚持党对国有企业的领导，由国有企业党委（党组）发挥领导作用，为发挥“顶梁柱”作用提供了坚强的制度保证。

在国有企业中，党委（党组）承担着贯彻落实国家战略的责任。《中国共产党章程》（以下简称《党章》）规定：国有企业党委（党组）发挥领导作用，把方向、管大局、保落实，依照规定讨论和决定企业重大事项。[①]《中国共产党国有企业基层组织工作条例（试行）》规定：企业发展战略、中长期发展规划、重要改革方案等，必须经党委（党组）研究讨论后，再由董事会或者经理层做出决定。

---

① 2021年5月发布的《关于中央企业在完善公司治理中加强党的领导的意见》中，将“保落实”改为了“促落实”。

通过在《公司章程》中明确党委（党组）的法定治理主体地位，“双向进入、交叉任职”的领导体制，明确党委（党组）前置研究讨论的权限和流程，可以确保国有企业贯彻落实国家战略。

（四）在畅通国民经济循环中发挥“国家队”功能

无论是畅通国内大循环，还是国内国际双循环形成良性互促，仅依靠市场经济手段是不可能实现的，连接市场和政府是国有企业的责任，也是国有企业的优势。

1.在畅通内循环中发挥“国家队”功能

习近平总书记强调：构建新发展格局的关键在于经济循环的畅通无阻。[①]国有企业特别是中央企业要发挥龙头带动作用，带动上下游各类企业共渡难关。要加强国际合作，保护好产业链供应链。要想实现关键行业国内产业链完整、有序，国内“生产、交换、分配、消费”大循环有效畅通，需要统筹发挥好市场、政府、企业三个方面的作用。

一是充分发挥好市场作用。使市场在资源配置中起决定性作用，遵循市场经济的一般规律，激发各主体积极性，从而提高资源配置效率。二是有效发挥好政府调控作用。更好地发挥政府作用就需要政府切实转变职能，大幅减少对资源的直接配置，健全宏观调控体系，深化行政体制改革，维护健康稳定的市场秩序，提供更优质的公共服务。三是有效发挥国有企业在畅通产业链中的关键作用。国有企业可以深化供给侧结构性改革，打通经济循环堵点，提升产业链、供应链的完整性，优化升级产业结构，在重大区域战略中发挥“推动者”和“补位者”作用，弥补市场失灵，从而保证经济循环畅通。

2.在自立自强中发挥“国家队”功能

构建新发展格局最本质的特征是实现高水平的自立自强，其中健全

① 习近平.把握新发展阶段，贯彻新发展理念，构建新发展格局[J].求是，2021(9):4-18.

社会主义市场经济条件下新型举国体制是关键。

新型举国体制靠“市场化＋政府调控”难以实现，应该统筹使用“市场＋政府＋国企”的“三合一”模式，这种“三合一”模式体现了社会主义市场经济条件下新型举国体制的实现路径。

“市场”与“政府”之间需要一个有机的链接点，这个链接点就是国有企业。这也是在构建新发展格局中国有企业要当现代产业链“链长”、要成为原创技术“策源地”的原因。

3. 在对外开放中发挥“国家队”功能

构建新发展格局需要更高水平对外开放。国有企业可以在畅通国内国际双循环、塑造我国参与国际合作和竞争新优势中发挥产业链“战略链接点”和“排头兵”作用，当好促进国内国际双循环的国家队。

国有企业要充分利用国内国际两个市场、两种资源，高质量共建“一带一路”，培育具有全球竞争力的世界一流企业，从而促进高水平对外开放。

第二节　国有企业的经营管理

一、经营计划的制定

为了保证国有企业的持续发展和实现经济效益，国有企业必须制定科学、合理的经营计划。本文将详细介绍国有企业经营计划的制定过程及其重要性。

（一）国有企业经营计划的意义

经营计划是指对企业未来一定时期内的经营目标、经营战略、经营方式、经营措施等进行综合规划的一种管理工具。国有企业经营计划的制定，具有以下重要意义：

1.明确企业经营目标

制定经营计划对于明确企业的经营目标非常重要。国有企业作为经济发展的主体，其经营目标不仅仅是追求利润，还应该注重社会责任、行业发展等因素。通过制定经营计划，国有企业可以确定其发展方向、战略目标和重点任务，从而明确企业的经营目标。这些目标应该与国家政策、行业发展趋势等相协调，以实现企业可持续发展和对国家经济的贡献。同时，还能为企业提供明确的指导和支持，有助于企业实现目标。

2.提高经营效率

制定经营计划可以帮助企业合理分配资源，规划好经营活动，从而提高经营效率。通过经营计划，企业可以更好地分配资源，合理安排生产和销售计划，帮助企业制定有效的措施，提高生产效率和产品质量，降低生产成本，提高利润，促进业务拓展，从而增加企业的经营效益。

3.加强风险管理

制定经营计划不仅能够明确企业的经营目标，还可以帮助企业在经营过程中及时发现和应对各种风险和挑战。在当今快速变化的市场环境下，企业面临着各种各样的风险，例如市场风险、技术风险、财务风险等。通过制定经营计划，企业可以有针对性地制定应对策略，预先做好准备，有效降低企业风险。在制定经营计划时，企业需要考虑市场趋势、行业变化、竞争对手等因素，以便制定出符合实际情况的计划，这样可以使企业在市场上保持稳定的竞争优势，更好地应对市场变化和挑战。

4.优化资源配置

制定经营计划可以对企业的各项资源进行全面规划和配置，从而实现资源的优化配置。企业的资源包括人力资源、物质资源、财务资源、技术资源等。通过制定经营计划，企业可以充分了解自身资源的状况和需求，根据实际情况进行合理的配置，从而实现资源的最优化利用。

例如，在人力资源方面，制定经营计划可以帮助企业合理规划人员的数量和职能，优化人力资源结构，提高员工的工作效率和效益，为企业的发展提供有力的人力支持。在物质资源方面，制定经营计划可以帮助企业做好物料采购计划，充分考虑物料库存和流通情况，合理规划物资储备，从而确保生产运营的顺利进行。

（二）国有企业经营计划制定的流程

国有企业经营计划的制定流程是非常重要的，它为企业的经营活动提供了明确的指导和支持，有助于实现企业的长期发展目标。本文将分析这一流程的每个阶段。

第一步是明确制定目标。这是制定经营计划的起点，企业需要根据自身实际情况和市场环境，明确经营计划的目标和重点。目标的制定要尽可能具体、可操作、可评估，以便为后续的经营计划制定提供基础。

第二步是分析企业内外部环境。企业需要对内外部环境进行全面的分析，包括市场竞争环境、政策环境、社会环境等，以便为后续的经营计划制定提供充分的依据。分析内外部环境的目的是了解市场的需求和变化，以及企业自身的优势和劣势，从而为制定经营计划提供有效的决策依据。

第三步是制定战略规划。基于对内外部环境的全面分析，国有企业需要制定战略规划，明确企业的发展方向和战略定位，以便为后续的经营计划制定提供指导。战略规划应该考虑企业的优势、弱点、机会和威胁，制定出相应的战略方案。战略规划是制定经营计划的重要依据，它能够帮助企业明确未来的发展方向，制定合适的经营计划。

第四步是制定年度经营计划。在制定好战略规划之后，国有企业需要制定年度经营计划，包括营销计划、生产计划、人力资源计划、财务预算等。年度经营计划应该具有可操作性，使得企业在实际经营过程中能够实现预期目标。年度经营计划是实现战略规划的具体行动计划，它能够帮助企业将战略转化为具体的操作活动。

第五步是实施经营计划。制定好经营计划之后，国有企业需要全面贯彻执行，各部门要按照计划进行协作和合作，确保计划的有效实施。在执行过程中，应该及时调整和修正经营计划，根据市场环境和企业内部情况，及时调整经营策略和方案。为了保证经营计划的有效实施，国有企业需要对计划实施过程进行全面的监督和管理。这包括制定绩效评估机制，建立考核体系，设立目标责任制等，以便及时发现和解决计划实施过程中的问题和矛盾。

在实施经营计划的过程中，各部门之间需要进行有效的信息沟通和协作，及时解决协调问题和合作难题，建立反馈机制，收集员工和客户的意见和建议，及时进行反馈和改进，不断提升经营计划的质量和效益。

第六步是监控和评估。在经营计划实施的过程中，国有企业需要进行监控和评估，及时了解计划的执行情况和效果，分析计划执行过程中的问题和不足，并对计划进行调整和完善。监控和评估的重点包括计划执行进度、目标完成情况、资源使用效率、经营绩效等方面。通过持续的监控和评估，企业可以不断提高经营计划的质量和效果，实现企业的可持续发展。

（三）国有企业经营计划制定的要点

国有企业经营计划的制定要点包括以下几个方面。

1.制定目标要明确具体

国有企业制定目标时，应该尽可能明确具体，避免目标过于宏大、抽象。目标应该具有可操作性，以便为后续的经营计划制定提供基础。

2.战略规划要灵活适应市场变化

国有企业制定战略规划时，应该充分考虑市场变化和企业内部情况，灵活调整战略方案，以适应市场变化和企业内部的实际情况。

3. 经营计划要考虑风险管理

国有企业制定经营计划时，应该充分考虑风险管理问题，制定出相应的风险管理方案，避免经营计划实施过程中出现意外情况导致经营目标无法实现。

4. 注重团队协作和合作

国有企业在经营计划的制定和实施过程中，应该注重团队协作和合作。各部门之间要密切配合，共同完成企业的目标，避免出现部门之间的矛盾和冲突。

5. 持续监控和评估经营计划

国有企业在经营计划的实施过程中，应该持续进行监控和评估，及时发现和解决问题，不断提高经营计划的质量和效果。企业可以通过定期的会议、报告和评估等方式，对经营计划进行监控和评估。

（四）国有企业经营计划制定的对策

（1）国有企业应该加强市场调研和风险管理。在一个不断变化的市场环境中，国有企业需要深入了解市场变化和风险，以便制定出相应的应对策略。只有了解市场，才能及时地调整经营策略，避免因市场变化而产生的风险和损失。

（2）国有企业应该优化内部管理机制。建立完善的组织结构和管理制度，加强内部控制和管理，提高管理水平和效率。

（3）国有企业应该注重人才引进和培养。国有企业需要吸引和留住高素质的人才，建立人才流动机制，提供良好的发展空间和晋升机会。只有拥有优秀的人才队伍，才能保证企业的持续发展。

（4）国有企业在经营计划实施过程中，需要加强监控和评估。企业可以采用现代化管理工具，如 ERP 系统、KPI 等，对经营计划进行监控和评估，及时发现和解决问题，不断提高经营计划的质量和效果。

（5）国有企业需要加强与国内外企业的合作，共同开展创新研究和项目开发，提高企业的核心竞争力。同时，国有企业还需要注重自身的创新和技术升级，不断提高产品和服务的质量和水平。

二、组织机构的建立

（一）国有企业组织机构建立的必要性

国有企业组织机构建立的必要性主要体现在以下几个方面。

1. 实现企业战略目标

企业组织机构的建立可以有效地实现企业战略目标。在当今复杂的市场环境下，国有企业需要制定清晰的战略目标和计划，才能在竞争中获得优势。组织机构可以帮助企业将战略目标划分成不同的职能和责任，分配到不同的部门和人员，并加强对战略目标的监督和实施，实现企业的战略目标。

2. 提高企业效率

企业组织机构的建立可以提高企业的效率。组织机构可以将企业的业务划分成不同的职能和责任，分配到不同的部门和人员，避免了决策和执行的混乱。同时，组织机构可以优化企业内部的协调和沟通，提高决策的准确性和及时性，从而提高企业的效率。

3. 优化企业管理

企业组织机构的建立可以优化企业的管理。组织机构可以清晰地定义企业的职能和责任，并规范企业内部的协作和沟通。通过组织机构的建立，企业可以实现分工、协作、授权、监督等管理职能的合理分配，提高企业的管理水平和管理效果。

4. 增强企业竞争力

企业组织机构的建立可以增强企业的竞争力。组织机构可以帮助企业实现资源的优化配置和利用，提高生产效率和产品质量，进一步增强企业的市场占有率。

（二）组织机构设计的原则和方法

国有企业组织机构的设计需要遵循以下原则：

1. 权责明确原则

权责明确原则是指组织机构应当确立明确的权责关系，明确各级部门和岗位的职责和权限，避免职责不清、权限不明、责任不落实等问题。在国有企业中，应当明确各部门和员工的职责和权限，以确保工作的顺畅和高效。

2. 层次清晰原则

层次清晰原则是指组织机构应当根据职能和业务关系设置清晰的层次结构，避免职责重叠、信息传递不畅等问题。在国有企业中，应当设置明确的层次结构，包括总经理办公室、职能部门、生产部门等，确保各部门之间的协作和信息沟通。

3. 弹性适应原则

弹性适应原则是指组织机构应当具备一定的适应性和弹性，能够随着企业发展和环境变化进行调整和优化。在国有企业中，应当建立灵活的组织机构，能够适应不同的业务需求和市场环境。

在组织机构设计的方法方面，可以采用分层递进法、分部分项法、交叉组织法等方法。在具体设计时，应当根据企业的实际情况进行综合考虑，确立合理的组织结构和职能分工。

（三）组织机构实施与优化

组织机构的实施与优化是组织机构建立的重要环节。在实施时，应当根据企业的实际情况和组织机构设计方案，逐步推进组织机构的改革和调整。在优化时，应当根据企业的发展需求和市场变化，对组织机构进行及时调整和优化，以保证企业的高效运转和长期发展。

1. 调整部门设置和职责划分

通过调整部门设置和职责划分，来优化组织机构，避免职责重叠、信息传递不畅等问题。在调整时，应当根据业务需求和组织结构设计方案进行合理划分和调整。

2. 优化人员配备和用人制度

通过优化人员配备和用人制度，来提高人员的素质和能力，避免人员浪费和岗位空缺等问题。在优化时，应当根据岗位要求和人员能力进行科学的人员配置，同时建立健全的用人制度，确保人员的使用合理和公平。

3. 实施业务流程再造

通过实施业务流程再造，来优化业务流程和组织结构，提高企业的工作效率和管理水平。在实施时，应当充分调查和分析企业现有的业务流程和组织结构，寻找改进的空间，通过创新和改进，提高企业的工作效率和管理水平。

4. 建立信息化管理系统

通过建立信息化管理系统，来优化组织机构和管理流程，提高信息共享和管理效率。在建立时，应当充分考虑企业的业务需求和信息化水平，采用先进的信息技术和管理方法，打造高效的信息化管理系统。

在组织机构实施和优化过程中，还应当注意以下几点。

1. 科学合理的组织机构设计方案

组织机构的实施和优化应当建立在科学合理的组织机构设计方案的基础之上，确保组织机构能够适应企业的发展需求和市场变化。

2. 充分调查和分析

在实施和优化过程中，应当充分调查和分析企业的现状和问题，找出组织机构的改进空间和优化方向，确保改进和优化的针对性和有效性。

3. 注重人员培训和管理

在实施和优化过程中，应当注重人员培训和管理，提高人员的素质和能力，确保组织机构的改进和优化能够得到人员的支持和配合。

4. 及时评估和调整

在实施和优化过程中，应当及时评估和调整组织机构的效果和问题，对组织机构进行持续地优化和调整，确保组织机构能够适应企业的发展需求和市场变化。

三、资金管理

（一）资金管理的重要性

资金是企业运转的生命线，也是企业发展的基础条件。良好的资金管理可以帮助企业规范资金使用、提高资金利用效率、降低资金成本、减少资金风险、增强资金回报。而不良的资金管理则会导致企业资金流失、资金占用、资金风险增加等问题，从而影响企业发展和盈利能力。

（二）资金筹措

资金筹措是指国有企业通过各种方式获得资金，包括自有资金和外部资金。自有资金主要包括企业的利润、积累的资本金和储备金等。外部资金主要包括银行贷款、债券发行、股票发行、政府补助等方式。

国有企业在进行资金筹措时，应根据企业实际情况和市场变化制定相应的策略和计划，充分利用各种融资工具，确保资金的稳定和充足。在资金筹措的过程中，要注重资金成本和风险控制，避免出现资金占用和不良债务的情况。

（三）资金使用

资金使用是指国有企业按照经营计划和预算计划，将筹措来的资金用于企业的各项活动，包括投资、生产经营、财务管理、市场营销等方面。资金使用是企业实现盈利的关键环节，对企业的生产经营和长远发展具有重要的影响。

在资金使用的过程中，国有企业应根据企业的经营计划和市场需求，合理规划和控制资金的使用，确保资金用于最有效的投资和业务活动，降低资金成本和风险。同时，企业应根据财务管理的要求，做好资金预算和预测，及时掌握企业的现金流状况，确保资金的充足和有效利用。

此外，国有企业应注重资金管理的规范化和信息化，通过建立科学的管理制度和信息系统，加强对资金使用的监督和控制，保证资金的安全性和透明度。

（四）资金监督和控制

资金监督和控制是指国有企业对资金使用进行严格的监督和管理，避免资金占用、挪用、浪费等问题的发生。资金监督和控制包括内部控制和外部监督两个方面。

一是内部控制，是企业内部建立的一系列制度和措施，以保证企业财务活动的合规性和规范性。国有企业应制定科学的财务管理制度和流程，加强对资金使用的内部控制，包括资金审批、核算、监督和审计等环节。另外，应建立内部审计机构，对企业资金的使用和管理进行检查和评估，确保企业财务管理的合法性和规范性。

二是外部监督，是政府和社会对国有企业资金管理的监督和评估。政府应制定相关法律法规和政策，对企业的财务活动进行监督和管理。社会应加强对企业财务活动的监督和评估，促进企业的透明度和公开性，推动企业向规范化、规范化方向发展。

四、人力资源管理

国有企业要实现可持续发展，必须加强人力资源管理，建立健全的人力资源管理机制，优化人才结构，提升员工素质和能力，推动企业内部创新和发展。

（一）人力资源管理的概念和意义

人力资源管理是企业对员工进行的各种管理活动，包括招聘、培训、薪酬、绩效评估、福利待遇、劳动关系等方面的管理。人力资源管理的目的是优化员工的素质和能力，提高企业的绩效和效益，增强企业的竞争力和可持续发展能力。

人力资源管理在国有企业中具有重要的意义。一方面，国有企业是国家和社会的重要财产和资源，是实现国家战略和经济社会发展的重要支撑，因此，国有企业要拥有一支高素质、高能力的人才队伍，才能更好地服务于国家和社会。另一方面，国有企业的改革和发展需要具有高度责任感和敬业精神的员工，他们不仅要承担企业的经营任务，还要肩负起企业的社会责任和使命。

（二）国有企业人力资源管理的现状

目前，我国国有企业的人力资源管理存在一些问题和挑战，如人才短缺、用人机制不完善、薪酬福利水平偏低、员工培训和发展机会不足等。这些问题制约了国有企业的人力资源管理和发展，需要采取有效措施加以解决。

（1）国有企业应该加强对人才的吸引和引进。国有企业要根据自身的战略发展需要和业务特点，制定有针对性的人才招聘计划，通过灵活的用人机制和薪酬福利政策，吸引高素质的人才加入企业。此外，国有企业还应积极引进海外人才和高层次人才，借鉴国际先进经验和理念，推动企业创新和发展。

（2）国有企业应加强员工培训和发展。人才是企业的核心资源，员工的素质和能力直接影响企业的绩效和效益。国有企业应该根据员工的岗位职责和发展需求，制定有针对性的培训计划，注重内部培训和专业技能培训，提高员工的业务水平和综合素质。在此过程中，要鼓励员工参加职业资格考试、技能竞赛和学位教育，提高员工的职业素质。

（3）国有企业应建立完善的绩效评估和激励机制。国有企业应该建立科学的绩效评估体系，根据员工的工作成果、工作态度和专业能力等方面，对员工进行评估和排名，为员工提供公正、客观的评价。根据员工的绩效水平，制定相应的薪酬和福利政策，激励员工不断提升自身工作效率。

（4）国有企业应加强员工的福利保障和关怀。员工的生活品质和福利待遇是衡量企业员工福利保障的重要标准。国有企业应根据员工的工作年限和岗位等级，制定相应的薪酬和福利政策，提供全面的社会保险和医疗保障。还要关注员工的工作环境和生活需求，提供安全、舒适的工作环境和优质的生活服务，增强员工的归属感。

（三）国有企业人力资源管理的发展趋势

随着科技的不断发展，人力资源管理的发展趋势也在不断变化和进化。现在，人力资源管理正在从传统的模块式和流程式管理方式转向场景打造、整合资源和构建平台的管理方式。这种趋势导致人力资源管理行为与业务的融合度越来越紧密，未来的人力资源工作者可能不再仅仅是执行人力资源管理职能，而是要为了业绩、客户需求以及销售工作做出贡献。

这种趋势也导致了人力资源管理的界限变得模糊，人力资源工作者不再是单纯的职能工作者，而是需要聚焦于价值管理，提供整合解决方案，通过共同创造并分享价值的方式与企业共同提高资源价值。因此，人力资源管理要超越职能层面，以提供整合解决方案为目标，从而实现价值创造和实现的追求。这种趋势还导致了人力资源管理以雇佣关系为前提的管理模式失效，人力资源管理需要转向价值创造和实现的追求。在这一过程中，人力资源越来越发挥主体作用，成为战略的最重要支配性要素，与组织之间的关系也发生了变化，人力资源管理需要与组织共同创造并分享价值的人力资本的集合，实现合作共生发展。

人力资源管理强调价值管理，通过整合解决方案实现差异化价值，强调企业与各方利益相关者的协同合作，构建共生、互生、众生的关系实现生态系统的优势，实现所有相关企业、人力资源和组织的共同发展和协调发展。这种趋势也导致了人力资源的专业化职能和技能将发生巨大的变化，人力资源从业者需要不断地提升自己的技能和知识结构，以适应未来的发展。

五、技术创新

（一）国有企业技术创新的重要性

1.增强国有企业竞争力

技术创新可以帮助国有企业提高自身的竞争力。在技术创新的推动下，企业可以不断优化产品和服务的品质，提高生产效率和经济效益，满足消费者的多元化需求，提高市场占有率和盈利能力。

2.推动产业升级

技术创新也是推动产业升级和转型升级的重要手段。国有企业在技术创新方面的领先，将会引领行业的发展方向，带动整个产业的升级和转型，从而提高行业的国际竞争力。技术创新的推动还可以带来新的产业链、产业集群，推动区域经济发展。

3.促进可持续发展

技术创新可以促进可持续发展。通过技术创新，国有企业可以推动资源的有效利用，减少环境污染和能源消耗，推进社会的可持续发展。同时，技术创新还可以带来新的商业模式和产品，满足消费者对绿色和可持续的需求，从而实现经济、社会和环境的三方面共赢。

（二）实现国有企业技术创新的途径

随着国家经济的不断发展和转型，国有企业作为经济发展的重要支柱，在中国经济中起着举足轻重的作用。为了提高国有企业的竞争力和核心竞争力，推动产业升级和可持续发展，实现技术创新是必不可少的途径。那么如何实现国有企业的技术创新呢？

（1）国有企业应该建立完整的技术创新管理机制，从组织结构、人才培养、技术研发等方面推动技术创新。企业应该注重对人才的引进和培养，建立与国际先进企业的合作关系，引进先进的技术和管理经验。与此同时，企业也要注重研发团队的建设，提高研发团队的素质和能力，完善技术创新的组织和管理体系，提高技术创新的效率和质量。

（2）国有企业应该加大研发投入，扩大科技研发规模。企业应该注重与高校、研究机构的合作，共同开展技术研发，加强对研发项目的管理和评估，加强技术攻关，提升技术创新能力和研发项目的质量。

（3）国有企业应该积极开展知识产权战略，加强技术创新保护。注重专利申请和保护，打造自己的品牌和技术标准，为了更好地落到实处，要建立专业的知识产权管理部门，来完善知识产权管理体系，以此来提升自身的知识产权价值及知识产权运营效益。

（4）国有企业应该加强与国际先进企业的合作，引进先进的技术和管理经验。通过合作，国有企业可以了解国际市场和技术趋势，通过与国际企业合作，共同研发新产品、新技术和新服务，拓展国际市场，加快技术转化和升级，提高自身的竞争力和国际影响力。

（5）推广创新文化。企业应该鼓励员工敢于创新、敢于尝试新事物，为员工提供自由的思考空间和创新平台。在组织管理方面，企业应该实行灵活的机制和管理模式，降低创新风险，鼓励创新实践。另外一方面，加强知识管理和人才培养，建立激励机制和奖励制度，也是国有企业不可忽视的关键点，以此来提高员工的创新动力和积极性。

（三）国有企业技术创新存在的问题及对策

1. 缺乏创新文化和创新氛围

国有企业在长期的计划经济体制下，创新意识和创新文化不够强烈。企业应该加强对员工的创新教育和培训，激发员工的创新意识和创新能力。此外，企业应该建立创新激励机制和奖励制度，鼓励员工积极参与创新活动。

2. 技术研发能力不足

国有企业在技术研发方面与国际先进企业相比存在差距。企业应该加强与高校和研究机构的合作，注重引进和培养高层次人才，开展联合研发，共同攻关，提高技术创新和技术研发能力。

3. 缺乏知识产权保护意识

国有企业在知识产权保护方面意识不足，专利申请和保护不够重视。企业应该加强知识产权保护意识，加强专利申请和保护，打造自己的知识产权品牌。

4. 缺乏市场竞争意识

国有企业在长期的垄断经营中，缺乏市场竞争意识和市场营销能力。企业应该加强市场竞争意识，积极主动适应市场变化，加强市场调研和市场营销能力，提高产品质量和服务水平。

5. 缺乏开放性思维和创新思维

国有企业在长期的封闭式管理中，缺乏开放性思维和创新思维，难以吸收外界的先进理念和经验。企业应该加强开放性思维和创新思维的培养，建立开放性的企业文化，吸纳多元化的员工群体，加强与外界的交流和合作，不断吸收新知识、新技术和新理念，推动企业的创新发展。

随着经济全球化和市场化的加速，国有企业的技术创新已经成为企业发展的重要方向。国有企业应该根据自身的情况和市场需求，加强技术创新，提高自身的核心竞争力和市场竞争力，实现企业的可持续发展。企业应该加强管理创新和制度创新，打造创新文化和创新氛围，吸纳优秀人才，加强与国内外先进企业的合作，加快技术转化和升级，助推动企业发展。

六、风险管理

国有企业是指由国家控制或持有多数股份的企业，其经营和管理具有明显的国家性质和特点。由于其所处的政治、经济、社会等多方面环境的复杂性和特殊性，国有企业的风险管理面临着许多挑战和难点。

（一）国有企业的风险来源及类型

国有企业的风险来源主要包括市场风险、信用风险、经营风险、管理风险、法律风险、政治风险等。

市场风险是由于市场变化引起的损失风险，如市场需求下降、价格波动等；信用风险是企业在资金往来和业务往来中对方无法履约所带来的损失风险；经营风险是由于经营环境、技术、管理等方面的因素导致企业运营不顺利的风险；管理风险是由于管理层决策不当、监督不力等因素导致企业运营出现问题的风险；法律风险是由于法律法规、合同等方面的风险导致企业遭受损失的风险；政治风险是由于政治环境、政策变化等因素导致企业经营不稳定的风险。

（二）国有企业风险管理的措施和建议

为加强风险管理，国有企业需要采取以下措施和建议：

1. 提高风险管理意识

国有企业应该加强对风险管理的宣传和教育，提高全员风险意识，培养风险管理文化。企业可以通过各种形式，如内部培训、经验分享、案例分析等，向员工宣传风险管理知识和方法，提高员工对风险的认识和理解。

2. 健全风险管理制度

国有企业应该明确风险管理流程和职责，制定具体的风险管理方案和措施。企业可以借鉴国内外优秀企业的风险管理经验，结合企业自身的实际情况，制定科学规范的风险管理制度。

3. 建设专业的风险管理团队

国有企业应该优化人员结构，提高团队素质和能力，确保风险管理工作的有效开展。企业可以通过引进专业人才、培养内部人才等方式，建设一支高素质的风险管理团队，为企业提供全方位、全过程的风险管理服务。

4. 加强风险信息收集和分析

国有企业应该提高信息收集的全面性和及时性，通过数据分析和建模等手段，有效识别和评估风险。企业可以通过建立风险信息共享平台、开展风险调研、采用大数据技术等方式，提高风险信息收集和分析的效率和精度。

5. 制定科学的风险管理策略和措施

针对不同类型的风险，国有企业应该制定相应的风险管理策略和措施，以下是一些具体建议：

（1）市场风险。市场风险是企业在市场竞争中遭受的风险，如市场需求不足、市场竞争加剧等。国有企业应该加强市场情报的收集和分析，定期进行市场调研，了解市场需求和趋势，制定相应的市场策略。

（2）技术风险。技术风险是企业在技术研发和转化过程中遭受的风险，如技术创新失败、技术转化难度大等。国有企业应该加强对技术趋势和技术发展的了解，积极引进和消化吸收先进技术，不断提升技术水平和创新能力。另外，应该加强知识产权的保护，加强技术转化的管理和运营，确保技术创新和转化的成功。

（3）信用风险。信用风险是企业在交易中对方方面无法履行合同义务而遭受的损失，如客户违约、供应商欺诈等。加强对交易对方的信用评估和管理，建立健全的信用管理制度和体系，加强信用风险预警和控制，提高企业交易的安全性。

（4）经营风险。经营风险是企业在经营过程中遭受的风险，如管理不善、成本控制不力等。国有企业要加强内部管理，完善管理制度和流程，加强对各项经营活动的监控和控制，实现内部管理的规范化和专业化。除此之外，加强对外部环境的分析和应对，以应对外部环境的变化和不确定性。

（5）金融风险。金融风险是指企业在融资、投资和资金运作等方面遭受的风险，如资金紧张、汇率波动等。国有企业应该加强财务管理，做好资金规划和预算，保持适当的流动性和资产负债平衡。

（三）国有企业风险管理的案例分析

以下是几个国有企业风险管理的案例分析，以便更好地了解国有企业风险管理的实际应用。

1. 中国南方电网有限责任公司

中国南方电网有限责任公司是一家国有企业，负责广东、广西、云南、贵州、海南五省区的电网建设和运营。作为电力行业的龙头企业，南方电网承担着巨大的社会责任和风险。在风险管理方面，南方电网实行全员参与、全面管理、全方位预警的风险管理机制，采用先进的风险管理工具和技术，通过风险评估、风险控制和风险应对等措施，有效保障电力运营的安全和稳定。

2. 中国航空工业集团有限公司

中国航空工业集团有限公司是中国的航空装备制造企业之一，拥有航空、航天、民用等多个领域的业务。作为国有企业，航空工业集团在风险管理方面实行了“全面、系统、科学、预防、综合”的原则，通过建立风险管理制度和风险评估体系，加强风险管理与经营管理的衔接，推动企业风险管理工作的不断深入和提高。

3. 中国石油化工集团公司

中国石油化工集团公司是中国的石油化工企业之一，拥有石油、化工、煤化工等多个领域的业务。在风险管理方面，中国石化实行“防范在先、标准化管理、信息化支撑、应急处置、全员参与”的风险管理机制，通过建立完善的风险管理体系，加强风险信息的收集和分析，制定科学的风险管理策略和措施，确保了企业的稳定运营。

以上几个案例表明，国有企业在风险管理方面的实践经验丰富，各个企业也都通过建立完善的风险管理制度、加强风险信息收集和分析、制定科学的风险管理策略和措施等措施，提高了企业风险管理水平，有效预防和应对各种风险。

国有企业作为国家的重要经济支柱，在风险管理方面承担着巨大的责任和挑战。有效的风险管理不仅可以帮助企业规避各种潜在的风险和危机，还可以提高企业的运营效率和市场竞争力，保障国家和社会的安全和稳定。国有企业需要认真对待风险管理，建立完善的风险管理制度和机制，加强风险信息的收集和分析，制定科学的风险管理策略和措施，并且实现风险管理和经营管理的无缝衔接，确保企业的安全运营。

在风险管理方面，国有企业也需要与时俱进，不断引入新技术、新理念、新方法，采用先进的风险管理工具和技术，提高风险管理的效率和精度，以更好地预防和应对各种风险。

最后，需要强调的是，国有企业风险管理不仅是企业内部的一项重要工作，更是涉及国家和社会安全的重要问题。因此，国家和政府需要在法律、政策和资源等方面给予国有企业更多的支持和保障，共同努力推动国有企业风险管理水平不断提高，为保障国家和社会的安全和稳定做出积极贡献。

第三节　国有企业的独立核算制

具体来说，国有企业的独立核算制包括以下几个方面。

一、独立核算制度

国有企业应当建立健全各项独立核算制度，包括收入核算制度、成本核算制度、费用核算制度、资产负债核算制度、利润核算制度等，以确保各项经济活动和业务的独立核算和透明度。

（一）收入核算制度

国有企业的收入核算制度是指对企业在生产经营过程中所获得的各种收入进行记录、计量和核算的制度。

国有企业的收入核算制度包括以下几个方面：

1.收入确认原则

即确定企业收入的时间和条件，保证收入的真实、准确、可比性。收入确认原则主要包括货物和服务的销售收入确认、利息收入确认、租赁收入确认、赞助收入确认等。

2.收入计量方法

即确定收入的计量单位和计价方法，确保计量结果的准确、合理、公正。收入计量方法包括货物和服务销售收入的计量、其他收入的计量等。

3.收入分类和账户设置

即对企业收入进行分类和账户设置，明确收入来源和用途，保证财务信息的准确和及时。收入分类和账户设置主要包括主营业务收入、其他业务收入、投资收益、政府补贴收入等。

4. 收入核算流程和审核制度

即建立收入核算流程和审核制度，确保收入的正确记录、计量和核算，防范财务风险。收入核算流程和审核制度包括收入记录、收入计量、收入核算、收入审核等。

5. 收入分配和使用制度

即对企业收入进行分配和使用管理，合理配置收入资源，促进企业健康稳定发展。收入分配和使用制度包括收入分配比例、收入使用方向、收入利用计划等。

（二）成本核算制度

国有企业的成本核算制度是指对企业在生产经营过程中所发生的各种成本进行记录、计量和核算的制度。它是国有企业财务管理的重要组成部分，是保证企业财务稳定和经济效益的实现的重要保障。

国有企业的成本核算制度包括以下几个方面：

1. 成本确认原则

即确定成本的时间和条件，保证成本的真实、准确、可比性。成本确认原则主要包括成本与支出的区别、成本与费用的区别、成本与价值的关系等。

2. 成本计量方法

即确定成本的计量单位和计价方法，确保计量结果的准确、合理、公正。成本计量方法包括直接材料成本、直接人工成本、制造费用等。

3. 成本分类和账户设置

即对企业成本进行分类和账户设置，明确成本来源和用途，保证财务信息的准确和及时。成本分类和账户设置主要包括原材料成本、人工成本、制造费用、其他费用等。

4. 成本核算流程和审核制度

即建立成本核算流程和审核制度，确保成本的正确记录、计量和核算，防范财务风险。成本核算流程和审核制度包括成本记录、成本计量、成本核算、成本审核等。

5. 成本控制和分析制度

即对企业成本进行控制和分析管理，合理控制成本资源，促进企业健康稳定发展。成本控制和分析制度包括成本控制目标、成本控制方法、成本分析和成本控制报告等。

（三）费用核算制度

国有企业的费用核算制度是指对企业生产经营过程中所发生的各种费用进行记录、计量和核算的制度。与成本核算制度不同，费用核算制度主要针对企业生产和经营活动中的非直接成本，如销售费用、管理费用和财务费用等。

国有企业的费用核算制度包括以下几个方面。

1. 费用确认原则

费用确认原则即确认费用的时间和条件，保证费用的真实、准确、可比性。费用确认原则主要包括费用与成本的区别、费用与支出的关系、费用与业务收入的关系等。

2. 费用计量方法

费用计量方法即确定费用的计量单位和计价方法，确保计量结果的准确、合理、公正。费用计量方法主要包括直接费用和间接费用。

3. 费用分类和账户设置

费用分类和账户设置即对企业费用进行分类和账户设置，明确费用来源和用途，保证财务信息的准确和及时。费用分类和账户设置主要包括销售费用、管理费用、财务费用等。

4. 费用核算流程和审核制度

费用核算流程和审核制度即建立费用核算流程和审核制度，确保费用的正确记录、计量和核算，防范财务风险。费用核算流程和审核制度包括费用记录、费用计量、费用核算、费用审核等。

5. 费用控制和分析制度

费用控制和分析制度即对企业费用进行控制和分析管理，合理控制费用资源，促进企业健康稳定发展。费用控制和分析制度包括费用控制目标、费用控制方法、费用分析和费用控制报告等。

（四）资产负债核算制度

国有企业资产负债核算制度是指国有企业为了管理和监督资产和负债而建立的一套制度和方法。该制度通过记录和核算企业资产和负债的变化情况，全面了解企业财务状况，为企业的经营和管理提供有效的决策依据。

国有企业资产负债核算制度包括以下几个方面。

1. 资产负债表制度

资产负债表是国有企业财务报表的核心之一，它反映了企业在某一时间点上的财务状况。资产负债表制度规定了资产负债表的格式和内容，并要求企业在每个会计期末编制资产负债表，及时准确地反映企业的资产和负债情况。

2. 资产核算制度

资产核算制度包括资产记录、资产计量、资产清查和资产折旧等。资产记录要求企业对所有资产进行分类、登记、核对和归档；资产计量要求企业按照一定的计算公式和方法计算各种资产的原值和净值；资产清查要求企业对所有资产进行清点和盘点，并与账面核对；资产折旧要求企业按照一定的折旧方法和期限计提各种资产的折旧费用，以反映资产的实际价值变化情况。

3. 负债核算制度

负债核算制度包括负债记录、负债计量和负债清查等。负债记录要求企业对各种负债进行分类、登记、核对和归档；负债计量要求企业按照一定的计算公式和方法计算各种负债的金额；负债清查要求企业对所有负债进行清点和盘点，并与账面核对，确保负债的真实性和准确性。

4. 固定资产清理制度

固定资产清理制度要求企业对所有已报废、报废待处理和闲置资产进行清理和处理，以及制定一系列措施和程序，确保固定资产的安全和有序处理。

5. 资产负债监督制度

资产负债监督制度要求企业建立一套有效的监督机制，定期对企业的资产和负债情况进行监督和检查，防止资产和负债虚报和漏报，确保财务信息的真实性和准确性。

国有企业资产负债核算制度的建立和实施，对于企业的经营和管理至关重要。它能够帮助企业全面了解自己的财务状况，及时发现和解决财务问题，制定科学合理的财务管理措施，提高企业的财务管理水平和效率。同时，它也能够增强企业对外部投资者和金融机构的信誉和形象，促进企业的可持续发展和增长。

总之，国有企业资产负债核算制度是企业财务管理中不可或缺的一部分。只有建立和完善了该制度，企业才能够做到严格规范的财务管理，保证财务信息的真实性和准确性，提高企业的经营效率和竞争力，为企业的可持续发展打下坚实的基础。

（五）利润核算制度

国有企业的利润核算制度是指企业为了确定和监控其经营业绩而建

立的一套制度和方法。该制度通过对企业经营收入、成本、费用等各方面的核算，计算出企业的利润情况，从而帮助企业进行财务决策、管理和控制。

利润核算制度对于企业的经营管理具有重要的意义。首先，它能够帮助企业了解经营状况，为企业的经营决策提供基础数据。其次，利润核算制度可以对企业的各项经营活动进行监控，及时发现和解决经营问题。最后，利润核算制度还能够评估企业的经营业绩，为企业的财务管理提供支持。

国有企业的利润核算制度主要包括以下几个方面。

1.收入核算

收入核算是利润核算制度的基础，它包括企业的营业收入、其他收入等各种收入的核算，旨在确定企业的总收入情况。

2.成本核算

成本核算是企业利润核算的重要组成部分，它包括各种直接成本、间接成本的核算，用于计算企业的总成本情况。

3.费用核算

费用核算包括管理费用、销售费用等各项费用的核算，旨在确定企业的总费用情况。

4.利润核算

利润核算是企业利润核算制度的核心部分，它通过对收入、成本、费用等各项指标的核算，计算出企业的利润情况。利润核算包括营业利润、税前利润、净利润等多个指标。

以上核算指标在国有企业的利润核算制度中相互联系，共同构成了一套完整的利润核算体系。该体系旨在全面了解企业的经营状况和财务状况，为企业的经营决策和管理提供数据支持。

需要注意的是，国有企业的利润核算制度不仅仅是为了计算企业的利润情况，更重要的是它反映了企业的财务状况、经营情况和竞争力。利润核算制度应该以真实、准确的数据为基础，同时还应该考虑企业的实际情况和发展方向，制定科学合理的利润核算是国有企业的重要管理工具，它能够反映企业在一定时期内所获得的利润和经济效益的情况，为企业管理者提供重要的参考依据，以便对企业经营情况进行监控和调整。在国有企业中，利润核算制度的主要任务是保障企业的盈利能力，推动企业的可持续发展。

国有企业的利润核算制度应当具有以下特点。

1. 精准计算

利润核算需要精确计算各项成本、费用和税金等支出，以及销售收入和其他经营收入等收入，得出企业在某一时期的净利润。

2. 全面覆盖

利润核算制度应当覆盖企业各个部门和业务领域，包括生产、销售、研发等各个环节，以便更全面地反映企业的经营状况和盈利能力。

3. 及时反馈

利润核算结果应当及时反馈给企业管理层，以帮助他们了解企业的经营情况，及时制定调整措施。

4. 合理分配

利润核算制度应当合理分配企业的净利润，以激励企业员工的工作积极性和创造力，同时也要保障企业发展的资金需求和股东的合法权益。

为了实现上述特点，国有企业的利润核算制度需要具备以下几个方面的工作。

1. 制定科学的核算制度

国有企业需要根据自身的经营特点和管理需求，制定科学合理的利润核算制度，明确各项收入和支出的计算标准、口径和方法，以及利润分配的规定。

2. 加强内部管理

国有企业应当加强内部管理，建立健全的财务管理体系和内部控制制度，保障各项核算数据的准确性和可靠性。

3. 注重信息化建设

利润核算需要大量的数据支持，因此国有企业应当注重信息化建设，采用先进的信息技术手段，提高数据采集和分析的效率和精度。

4. 定期评估和调整

国有企业的利润核算制度需要定期评估和调整，以适应企业的经营发展和管理需求，保障利润核算的科学性和有效性。

除了利润核算制度，国有企业还需要考虑其他方面的核算，例如现金流量核算。现金流量核算是指对企业现金收支的记录和分析，以及对企业资金运营状况的评估。现金流量核算可以帮助企业更好地了解企业的资金流向，及时发现问题，并采取相应的措施，避免因资金问题而影响企业正常运营。

二、独立核算主体

国有企业是国家所有的企业，其组织形式多样，包括有限责任公司、股份公司、独资企业、合资企业等，但无论采取何种组织形式，都必须遵守国家的法律法规和政策，同时也需要具备独立核算主体的能力。

国有企业的独立核算主体是指企业作为独立的经济实体，有权独立地制定经营计划、财务预算、投资决策等，自主地进行生产经营活动，承担相应的经济责任和风险，并积极履行社会责任和环境保护意识的能力。

国有企业的独立核算主体包括了以下方面。

1. 资产核算主体

对企业各类资产的核算和管理，包括固定资产、流动资产、无形资产、投资性房地产等。

2. 负债核算主体

对企业各类负债的核算和管理，包括应付账款、应付工资、应付利息、应付股利等。

3. 成本核算主体

对企业各项成本的核算和管理，包括原材料成本、人工成本、制造费用、销售费用等。

4. 收入核算主体

对企业各类收入的核算和管理，包括销售收入、其他业务收入、投资收益等。

5. 利润核算主体

对企业的收入和成本进行综合分析，计算企业的利润和利润率，以评价企业的经济效益和经营状况。

作为独立的经济实体，国有企业需要具备自主权和自主决策权。这意味着企业应该有权力自主决定自己的生产经营计划、财务预算、投资决策等，而不是完全被上级部门指导和干预。只有这样，企业才能在市场经济环境下更好地适应市场需求和竞争压力，实现更好地发展。国有企业作为独立的经济实体，应该能够承担自己的经济责任和风险。这意味着企业需要具备足够的资金、设备、技术、人力资源等条件，才能够有效地开展生产经营活动，并承担相应的风险。此外，企业还需要建立完善的风险管理制度，降低风险的发生和影响。为了确保企业的可持续发展，国有企业需要具备一定的管理能力和人才储备，这包括管理层、技术人员、营销人员等。同时，企业应该积极履行自己的社会责任，包括对员工的责任、对消费者的责任、对环境的责任等。对于国有企业而言，其独立核算主体的建立和运行，不仅是企业内部管理的需要，也是国家宏观经济管理和监管的需要。在现代市场经济体制下，国有企业需要通过透明、规范、有效的独立核算体系，提高经济效益，加强内部控制，规避风险。

总之，国有企业的独立核算主体是国有企业的一项重要制度安排，其建立和完善对于国有企业的健康发展、市场化改革、资产管理、财务管理以及风险管理等方面都有着至关重要的作用。因此，国有企业应当高度重视独立核算主体建设，不断完善相关制度，加强管理和监督，为企业的可持续发展提供坚实的制度保障。

三、独立核算标准

国有企业的独立核算标准是在企业内部建立一套规范的核算制度和核算方法，以实现对企业各项经济活动的科学记录、全面核算和准确反映，从而为企业的经营管理和决策提供可靠的依据。国有企业的独立核算标准具体包括以下几个方面。

（一）收入核算标准

国有企业的收入核算标准是指对企业各项收入来源进行规范的核算方法和制度。收入核算标准包括营业收入核算标准、非营业收入核算标准等。其中，营业收入核算标准是指按照货币原则、计入主体和基础价值原则，以经济业务活动实际发生的金额为依据，记录和核算企业销售商品、提供劳务等营业性收入的规范标准。非营业收入核算标准是指记录和核算企业除营业收入以外的其他收入，如处置固定资产的收益、补贴收入等。

（二）成本核算标准

国有企业的成本核算标准是指对企业各项成本发生的原因和范围进

行规范的核算方法和制度。成本核算标准包括直接成本核算标准和间接成本核算标准。其中，直接成本核算标准是指直接参与到生产或经营活动中的各项成本，如原材料成本、直接劳动成本、制造费用等。间接成本核算标准是指与生产或经营活动相关的各项成本，但难以直接分摊到产品或服务上，如管理费用、销售费用、研发费用等。

（三）费用核算标准

国有企业的费用核算标准是指对企业各项费用发生的原因和范围进行规范的核算方法和制度。费用核算标准包括管理费用核算标准、销售费用核算标准、财务费用核算标准等。其中，管理费用核算标准是指管理部门或机构为完成各项管理职能而发生的费用，如薪酬、办公费、培训费等；销售费用核算标准是指企业为促进销售而发生的费用，如广告费、促销费、运输费等；财务费用核算标准是指企业进行融资活动和资本运作所发生的费用等。

此外，还有一些其他的核算标准和指标，比如生产成本标准、销售成本标准、劳动生产率、能源消耗率等，这些指标对于不同行业、不同类型的国有企业都有其适用性，可以根据实际情况进行选择和应用。

需要注意的是，国有企业的独立核算标准并非一成不变的，随着企业经营状况和管理环境的变化，标准也需要不断地进行修订和完善。同时，在制定和应用独立核算标准的过程中，需要考虑到企业内部的相互制约和配合，以及与外部相关方的合作和协调，从而确保标准的科学性和实用性。

最后，国有企业的独立核算标准是国有企业内部控制和管理的重要工具和手段，其主要目的是确保企业的经营活动得以科学、规范、高效地进行，同时保证财务信息的准确性和真实性。标准的制定和应用需要全面考虑企业自身的特点和外部环境的影响，以期实现企业的可持续发展和社会效益的最大化。

四、独立决策和责任

国有企业的独立决策和责任是指国有企业管理者在执行经营决策时所承担的全部风险和责任。

具体包括以下几个方面。

（一）经营决策责任

国有企业管理者必须独立承担企业的经营决策责任，包括制定企业发展战略、确定经营计划、管理组织、安排生产经营等各方面的决策。同时，必须确保企业经营活动符合国家法律法规和政策的要求，保障企业稳健发展。

（二）财务责任

财务责任包括制定财务预算、财务报表的编制、审计和披露等方面。同时，必须确保企业财务运作的合法性和规范性，保证企业财务状况的真实性。

（三）投资决策责任

投资决策责任包括制定投资计划、投资方案、投资风险评估等方面。同时，必须确保企业的投资活动合法、合规、合理，保证企业投资行为符合国家法律法规和政策的要求。

（四）组织管理责任

组织管理责任包括企业内部管理机制的建立和完善、组织架构的设计和优化、员工职责和权利的明确等方面。同时，必须确保企业的管理机制有效、高效、规范，提高企业管理水平，提升企业的竞争力。

（五）风险防范责任

风险防范责任包括制定风险管理策略、建立风险防范机制、提高风险应对能力等方面。同时，必须确保企业的风险防范措施得到充分落实，提高企业风险管理水平，保障企业的健康发展。

五、独立利润分配

国有企业的独立利润指的是企业在独立核算下所获得的利润。独立利润的分配，一般由企业根据实际情况来决定。在国有企业中，一般会采取以下方式进行独立利润的分配：

（一）投资国家和上级企业

国有企业的一部分利润会作为投资国家和上级企业的资金，以支持国家和其他企业的发展。

（二）留存利润

国有企业也需要留存一部分利润作为企业的发展和运营所需的资金，以支持企业的后续发展。

（三）分配利润

剩余的利润会根据企业内部的规定进行分配。一般情况下，国有企业会将利润分配给各级管理层、职工和员工等。分配利润的具体方式也会根据企业的实际情况和内部管理制度来确定。

需要注意的是，国有企业的独立利润不等于企业的净利润。独立利润是在企业独立核算下获得的利润，而净利润则是企业的总利润减去各种费用和税金后的余额。因此，在进行企业管理和决策时，需要综合考虑企业的独立利润和净利润等各种因素。

第四章　国有企业进入市场的基本条件

第一节　以现代市场经济理论指导企业营销工作

一、了解市场经济的基本原理和运作机制

在市场经济条件下，国有企业应当深入了解市场经济的基本原理和运作机制，以适应市场经济的发展和竞争环境，提高企业的经营效益和市场竞争力。

（一）了解市场经济的基本原理

市场经济是以市场为基础的经济制度。市场经济的基本原理包括自由竞争、自由贸易、资本流动自由、价格形成自由、企业自主决策等几个方面。

1.自由竞争

自由竞争是市场经济的核心原则，指市场经济条件下企业之间的竞争是自由的、公平的和有序的。这是市场经济的核心机制，能够通过市场价格的形成、资源的配置、产业的结构调整等方面来调节经济的发展。

国有企业应当在充分了解市场经济的基本规则和市场竞争环境的前

提下，充分利用市场竞争来优化产品和服务的质量和价格。

2. 自由贸易

自由贸易指国家间的贸易应当在自愿、平等、互利的基础上进行。自由贸易可以促进国际贸易的发展，推动世界经济的繁荣。自由贸易还可以降低企业的生产成本。

国有企业应当积极参与国际贸易，扩大国际市场份额，提高产品和服务的质量和效率，从而提高自身的市场竞争力。

3. 资本流动自由

资本流动自由指资本可以自由流动，以实现优化配置。资本流动自由可以促进资本的有效流通，使企业积极参与资本市场。

国有企业应了解资本市场的基本原则和运作机制，通过融资、投资等方式实现资本的优化配置。

4. 价格形成自由

价格形成自由指商品价格由市场供需关系决定，政府不干预或仅在必要时进行干预。价格的形成过程体现了市场供求关系和企业之间的竞争关系，可以有效地调节资源的配置和产业的结构。

国有企业应当积极了解市场价格的形成机制和规律，根据市场需求和供给情况，制定灵活的价格策略，满足市场需求。

5. 企业自主决策

企业自主决策指企业可以根据市场需求和自身的经营情况，自主决定生产、经营和管理方案。

国有企业应当推动内部的管理和运营体制改革，提高决策效率和灵活性，加强市场调研和市场预判能力，以适应市场经济的发展和竞争环境。

（二）了解市场经济的运作机制

1. 价格

价格机制是市场机制中的基本机制。所谓价格机制，是指在竞争过程中，与供求相互联系、相互制约的市场价格的形成和运行机制。价格机制包括价格形成机制和价格调节机制。价格机制是在市场竞争过程中，价格变动与供求变动之间相互制约的联系和作用。价格机制是市场机制中最敏感、最有效的调节机制，价格的变动对整个社会经济活动有十分重要的影响。商品价格的变动会引起商品供求关系变化，而供求关系的变化，又反过来引起价格的变动。

2. 供求

供求机制是市场机制的主体。供求联结着生产、交换、分配、消费等环节，是生产者与消费者关系的反映与表现。供求运动是市场内部矛盾运动的核心，其他要素（如价格、竞争、货币流通等）的变化都围绕供求运动而展开。企业集团的成长与发展受到供求机制影响。企业集团既是市场供应者，又是市场需求者。充分利用市场需求调整自身的经营方向、战略、产品、技术、营销等是集团抓住机遇，避开威胁的重要内容。

3. 竞争

竞争机制是市场机制的内容之一，是商品经济活动中优胜劣汰的手段和方法。它存在于市场买者之间、卖者之间以及买者和卖者之间，存在于企业内部的部门之间与劳动者之间，能促进企业争夺有利的市场，抢占有利的投资市场、投资条件，力求创新，降低成本，形成社会平均利润率和生产价格。它能最大限度地激发各利益主体的能动性。

二、深入了解市场的变化和趋势

随着市场竞争日益激烈，国有企业必须深入了解市场的变化和趋势，以便及时调整战略，增强市场竞争力。本书将从以下三个方面探讨国有企业如何深入了解市场的变化和趋势。

（一）建立市场情报系统

市场情报系统是企业了解市场变化和趋势的前提，可以帮助企业做出更好的商业决策。对于国有企业来说，建立一个有效的市场情报系统，需要考虑以下几个方面。

1. 确定收集数据的渠道和方法

数据的来源可以是企业内部、外部、竞争对手等，渠道可以是网络、咨询公司、采购商等。为了获得准确的市场情报，企业需要选择可靠的数据来源和渠道，并对数据进行筛选和整理。

2. 设计数据收集、分析和评估程序

这个程序需要根据企业的具体情况来制定，以确保所收集的数据是有用的、准确的和及时的。企业可以使用自己的 IT 系统来收集和分析数据，也可以使用第三方数据平台和软件。无论使用什么方式，都需要确保数据的安全和保密性。

3. 确定评估标准和指标

评估标准和指标应该与企业的战略目标相一致，以便帮助企业在做出商业决策时更好地了解市场情况。例如，企业可以根据市场份额、产品销量、客户满意度等指标来评估市场情况。同时，企业也需要定期更新评估标准和指标，以适应市场变化。

在建立市场情报系统的过程中，专业人员扮演非常重要的角色。他们负责收集、分析和评估市场情报，需要具备专业的市场分析和预测能力。企业可以请专业的市场调研公司来进行分析，也可以自己培养市场情报分析人员来进行分析。

总的来说，建立市场情报系统对于国有企业来说是非常重要的。只有通过收集、分析和评估市场情报，企业才能更好地了解市场变化和趋势，做出更好的商业决策。

（二）分析市场数据

分析市场数据是了解市场变化和趋势的重要手段。国有企业可以通过以下几种方式分析市场数据：

1.SWOT 分析

SWOT 分析是指对企业的内部优势、劣势以及外部机会和威胁进行分析，以帮助企业制定适当的商业决策。SWOT 分析需要结合市场数据、经验等综合分析，从而形成更具参考价值的分析结果。通过SWOT分析，国有企业可以了解自身的优势、劣势、机会和威胁，从而更好地制定适合自身的商业决策。例如，如果国有企业在 SWOT 分析中发现自身存在某些劣势，那么就可以针对这些劣势制定相应的策略。

2. 波特五力分析模型

波特五力分析模型是一种行业竞争力分析工具，它可以帮助国有企业了解行业内竞争对手的威胁、供应商和买家的议价能力、潜在竞争对手的威胁等因素，从而更好地了解市场状况。通过波特五力分析模型分析行业内的竞争力，可以让国有企业了解自己在市场上的地位和优势，并据此制定更好的商业策略。例如，如果代助波特五力分析模型分析后发现某个市场存在很多潜在竞争对手，那么国有企业就需要提高自身的竞争力，以确保在市场上的地位。

（三）跟踪市场趋势

市场趋势是指市场在特定时间段内的变化和走向。对于国有企业而言，了解市场趋势是制定商业策略和做出商业决策的前提。而跟踪市场趋势是了解市场变化和趋势的重要手段。国有企业可以通过多种途径来跟踪市场趋势：

首先，国有企业可以关注行业报告和研究。通过关注行业报告和研究，国有企业可以了解行业发展趋势和市场规模，以及竞争对手的动向和策略。同时，行业报告和研究通常会提供一些关键性的数据，例如市场份额、销售额和增长率等，这些数据可以帮助国有企业更好地了解市场状况和行业发展情况，以此来制定更好的商业策略。其次，国有企业可以参加行业会议和展览会。参加行业会议和展览会不仅可以了解行业最新发展情况和趋势，结识行业内的专家和同行，还可以展示企业的产品和服务。这些会议和展览会通常会汇聚行业内最新的技术和产品，也会吸引很多专业人士前来参加。因此，国有企业可以通过参加这些会议和展览会，了解最新的市场趋势和技术发展情况，以此来引领行业发展。再次，国有企业可以跟踪互联网上的相关话题和信息。互联网是了解市场趋势和消费者需求的重要途径。通过跟踪互联网上的相关话题和信息，国有企业可以了解消费者需求和反馈，以及竞争对手的动向和策略。现今互联网已经成为消费者交流和反馈的主要渠道，因此，国有企业可以通过互联网了解消费者的心声和需求，以此来制定更好的产品和服务策略。最后，国有企业可以与合作伙伴保持紧密联系。与合作伙伴保持紧密联系可以了解他们的市场动向和反馈，以及行业内的最新发展和趋势。与供应商和客户建立良好的关系，可以帮助国有企业了解市场需求和变化，以此来制定更好的供应和销售策略。国有企业可以与供应商和客户定期召开的会议，讨论行业发展和市场趋势，分享市场信息和经验，并寻求合作机会，制定互惠互利的合作方案。

总之，跟踪市场趋势是国有企业了解市场变化和趋势的重要手段。通过关注行业报告和研究、参加行业会议和展览会、跟踪互联网上的相关话题和信息，以及与合作伙伴保持紧密联系等方式，国有企业可以更好地了解市场状况和竞争环境，制定更好的商业决策，以此来提高市场份额和竞争力，实现可持续发展的目标。

三、借助信息技术提升营销管理水平

随着信息技术的不断发展，越来越多的国有企业开始意识到信息技术在企业营销管理中的重要性，积极探索如何利用信息技术提升营销管理水平。本书将从以下几个方面详细阐述国有企业如何借助信息技术提升营销管理水平。

（一）构建全渠道销售平台

在信息化时代，企业的营销手段逐渐从传统的线下向线上转移。因此，国有企业需要构建一个全渠道销售平台，使企业的销售渠道更加多样化、全面化，可以更好地满足消费者多元化的需求。

构建全渠道销售平台需要解决的核心问题是如何整合线上和线下销售渠道。在线上，国有企业可以通过电商平台、自营官网、社交媒体等方式进行销售。在线下，国有企业可以通过经销商、代理商、门店等销售渠道销售产品。构建全渠道销售平台需要将线上线下销售渠道进行整合，实现销售数据的共享和互通。此外，国有企业还可以通过大数据分析，了解消费者的购买习惯和偏好，进一步提升销售效率和营销管理水平。

（二）利用大数据分析实现精准营销

国有企业可以通过大数据分析，挖掘消费者的需求、购买行为、消费习惯等信息，实现精准营销。

利用大数据分析实现精准营销需要解决的核心问题是如何获取和分析数据。国有企业可以通过多种途径获取数据，如社交媒体、网站、移动应用程序等中获取数据。在分析数据时，可以利用数据挖掘、机器学习等技术进行数据分析，从而了解消费者的购买偏好、需求等，进而制定精准的营销策略。

（三）搭建智能化客户服务平台

国有企业需要建立智能化客户服务平台，提供更加便捷、高效的客户服务。智能化客户服务平台可以通过自然语言处理、机器学习等技术，实现客服自动化、咨询智能化等功能，为消费者提供更好的服务体验。

搭建智能化客户服务平台需要解决的核心问题是如何提高客户服务的智能化水平。国有企业可以通过引入人工智能技术，实现自然语言处理、语音识别、机器学习等功能，提高客户服务的智能化水平。例如，企业可以使用智能语音识别技术，实现客户咨询的自动化处理和智能化回答。通过这些技术，国有企业可以为消费者提供更加便捷、快速、高效的客户服务。

（四）建立数字化营销体系

数字化营销是一种基于数字化技术的营销模式，它可以为国有企业带来更高的营销效率和营销管理水平。建立数字化营销体系需要解决的核心问题是如何在落实营销策略的过程中运用数字化技术。

数字化营销体系包括多个方面，如建立数字化营销渠道、推广数字化营销活动、监测数字化营销效果等。国有企业可以利用数字化技术和数据分析工具，实现数据收集、分析、评估等工作，从而优化营销策略和提升营销效果。例如，企业可以通过建立数字化营销渠道，将产品信息和促销活动推送给潜在客户，通过数据分析工具对促销效果进行评估，并改进促销方案，从而提高促销效率和销售额。

四、强化服务理念和服务品质

服务是企业的生命线，特别是在服务经济时代，服务不只是商品的补充，而成了产品的主体。国有企业作为国家的重要经济支柱，在市场竞争中面临着很大的压力和挑战，强化服务理念和服务品质已经成为提高企业竞争力和发展水平的必要手段。

（一）加强服务理念建设

优质的服务理念可以推动企业服务水平的提升。国有企业要想提高服务品质，首先需要加强服务理念建设，树立正确的服务理念，把服务放在企业发展的重要位置。服务理念应该紧密围绕企业的使命、愿景和核心价值观展开，不断创新和完善。例如，某国有企业的服务理念可以是“以客户为中心，全力以赴满足客户需求，提供高质量的产品和服务”，这样的服务理念可以指导企业的服务工作，提高服务水平。

（二）提高服务人员素质

服务人员素质的高低直接影响着服务质量和客户满意度。国有企业要想提高服务品质，需要提高服务人员的素质和能力。首先，企业应该注重对服务人员的培训和教育，帮助服务人员提高专业技能和业务水平，增强服务能力和服务意识。其次，企业应该重视对服务人员的激励和管理，建立科学的激励机制和管理制度，激发服务人员的积极性和创造性。例如，国有企业可以采取薪酬激励、岗位晋升等方式，激发服务人员的工作热情和创造力，提高服务品质。

（三）优化服务流程和服务体系

服务流程和服务体系是企业服务的基本架构和组织方式，优化服务流程和服务体系是提高服务品质的关键。国有企业要想优化服务流程和服务体系，需要做到以下几点。首先，企业应该进行服务流程再造，对服务过程进行优化和改进，减少服务环节和时间。其次，企业应该建立健全的服务体系，确定服务标准、服务流程等，确保服务工作的标准化和规范化。例如，国有企业可以建立一套完善的服务管理体系，包括服务流程、服务标准、服务评价等方面的内容，对服务进行科学化、系统化管理，以确保服务质量的可控和持续提升。

（四）借助信息化技术提升服务质量

信息化技术的应用已经成为提高服务质量和效率的重要手段。国有企业可以借助信息化技术提升服务质量，如通过建立客户关系管理系统（CRM）、智能客服系统等，实现对客户信息的统一管理和快速响应，提高服务效率和客户满意度。同时，企业还可以利用移动应用等新兴媒介，实现服务方式和渠道的多样化，提高服务的可及性和便捷性。

（五）建立完善的投诉处理机制

投诉处理机制是服务质量管理中的重要环节，对于国有企业而言，建立完善的投诉处理机制可以及时发现和解决服务中存在的问题，提高服务质量和客户满意度。国有企业应该建立健全的投诉处理机制，包括投诉受理、投诉分析、投诉处理等环节，及时处理客户投诉，并根据投诉情况进行分析和改进，提高服务质量。

综上所述，国有企业要想强化服务理念，提高服务品质，需要加强服务理念建设，提高服务人员素质，优化服务流程和服务体系，借助信息化技术提升服务质量，建立完善的投诉处理机制等。这些措施将有助于国有企业提高服务水平和品质，实现可持续发展。

第二节　以市场为导向重塑企业运行机制

一、明确市场定位和竞争策略

明确市场定位和竞争策略是国有企业以市场为导向重塑企业运行机制的第一步。企业应该根据自身的资源、实力、优势和劣势，确定清晰的市场定位和竞争策略，提供差异化的产品和服务。在确定市场定位和竞争策略的过程中，企业应该关注市场的变化和趋势，充分了解竞争对手的优势和劣势，根据自身情况制定可行的发展计划和明确的战略目标。

国有企业如何明确市场定位和竞争策略是一个复杂的问题，需要从多个角度进行分析。以下是一些可能有助于国有企业明确市场定位和竞争策略的建议。

（一）确定目标市场

首先，需要明确目标市场的规模和特点。国有企业需要了解目标市场的消费人群的需求和行为特点，以及竞争对手的市场份额和产品特点。通过这些信息，企业可以确定目标市场的规模和特征，并据此调整产品和服务策略。其次，需要确定目标市场消费人群的需求和偏好。了解目标市场的需求和偏好是企业制定产品和服务策略的关键。国有企业可以通过市场调研和消费者反馈等方式，了解消费者的需求和偏好，并据此开发符合市场需求的产品和服务。再次，需要了解目标市场的竞争状况。国有企业需要了解竞争对手的产品和服务特点、市场份额和营销策略等信息，以便制定相应的竞争策略。对于市场份额较小的企业来说，可以选择通过提供差异化产品和服务来提高自己的市场力，从而更好地满足消费者需求。最后，国有企业需要制定相应的营销和销售策略。根据目标市场的需求和竞争状况，企业可以制定合适的营销和销售策略。例如，可以选择通过广告、社交媒体等来宣传和推广产品和服务，或者通过渠道建设和客户服务等措施来提升客户满意度和忠诚度。

（二）找到核心竞争力

国有企业需要在市场中找到自己的核心竞争力，以便在激烈的市场竞争中脱颖而出。这需要企业分析自己的优势和劣势，了解自己在市场中的定位，找到自己的独特卖点。通过建立自己的核心竞争力，国有企业可以更好地在市场中立足，实现自身的发展。

（三）制定竞争策略

国有企业需要制定一系列的竞争策略，以便在市场中获得竞争优势。

竞争策略可以包括降低成本、提高质量、加强品牌建设、创新等方面。其中，提高质量和创新能力是国有企业的重要竞争策略，这可以通过加强技术创新、优化产品设计和提高服务水平等来实现。另外，国有企业可以通过并购、联合和合作等方式来扩大自己的市场份额。

（四）不断改进产品和服务

国有企业需要不断改进自己的产品和服务，以满足市场需求和不断变化的消费者需求。这需要企业进行市场调研，了解市场的变化和客户的反馈，然后根据反馈意见改进产品和服务。

（五）加强人才培养

在市场竞争激烈的环境中，人才是企业获得竞争优势的重要因素之一。国有企业需要加强人才培养，注重招聘和留用高素质的人才，建立完善的人才培训和晋升机制，以提高员工的工作能力和竞争力。同时，企业还需要注重人才的激励，以激发员工的工作热情和创造力，为企业的发展注入新的动力。

（六）推进市场化改革

国有企业需要推进市场化改革，通过改革和创新来提高企业的竞争力和市场化水平。在市场化改革过程中，企业需要遵循市场规律，推进产权制度改革、内部管理改革、创新机制改革等方面的工作，建立健全的市场化经营机制，提高企业的竞争力。

二、优化组织架构和人力资源管理

优化组织架构和人力资源管理是国有企业以市场为导向重塑企业运行机制的重要措施。企业应该根据市场定位和竞争策略，重新优化组织架构，梳理业务流程和岗位职责，加强内部沟通和协作。同时，企业还应该建立合理的人力资源管理制度，激发员工的工作热情和创造力，提高员工的素质和能力，为企业的发展提供有力支持。

国有企业在实施市场化改革过程中，需要优化组织架构和人力资源管理，以提高企业的市场竞争力和运营效率。组织架构和人力资源管理是企业管理中的重要组成部分，也是影响企业管理效能的关键因素。

（一）组织架构的优化

1.精简企业组织机构

国有企业可遵循高效、精简的原则，综合考虑企业所在行业特点、企业规模大小、未来发展规划、企业内部文化和管理观念等因素，压缩企业管理层级，适当扩大管理幅度，形成扁平化的企业组织结构。国有企业通过合理设定上下级领导关系、科学设置内部机构和岗位，并明晰划分各部门和岗位的职能、职责、权限，理顺各方关系，打通各个环节，确保企业运行协调顺畅，提高企业管理效率。

同时，工作职责划分时应格外重视建立重要岗位权力制衡制度，明确规定不相容岗位相互分离，如制定方案与决策审批分离、决策审批与落实执行分离、落实执行与监督检查分离，从而达到相互制约、有效制衡的目的。

2.探索实行工作专班机制

工作专班主要以完成重点专项任务为目标，推动企业重大决策部署迅速落地见效，完成攻坚任务后即退出。工作专班机制打破了国有企业原有内设机构的界限，以企业管理者为专班负责人，跨部门抽调业务精英，协同作战，同向发力。原有内设机构作为稳定的组织机构，完成日常常规性工作任务，工作专班作为灵活的组织机构，完成重点临时性工作任务，实现部门机制和专班机制双轮驱动。

以某国有集团公司为例，该集团公司近年来陆续成立了一些临时组织机构。其中，盘活闲置资源工作专班主要负责统筹推进集团各相关下属公司闲置资源的盘活，推进闲置资源利用工作；企业重组整合工作专班负责集团公司的重组整合工作，确保集团重组工作平稳有序推进，确保生产经营工作不出现大的风险。工作专班机制的推行，有助于国有企业统筹各部门力量，合理配置资源，加快推动重点工作任务落地。

3. 坚持放管结合，挖掘员工潜力

现阶段，经济发展形势处于不断变化之中，企业管理必须实时更新管理理念，逐渐下放管理决策权限。在知识经济时代，领导者做出管理决策，不仅需要考量决策的方向正确性，还要综合考虑决策的可行性、有效性、落实成效等。

因此，国有企业可在企业管理过程中贯彻执行放管结合的理念，一是愿放敢放，企业需要改进管理方式，提高企业决策的民主化程度，充分体现人本管理理念，尊重和维护企业员工的自主权，将企业员工的潜力最大程度挖掘出来，发挥企业员工的主观能动性；二是巧管严管，通过激励机制和约束机制相结合，合理拉开收入分配差距，同时形成企业各类管理人员能上能下、员工能进能出、收入能增能减的合理流动机制，充分调动企业员工的积极性、主动性和创造性。

4. 完善企业内部监督体系

国有企业可通过完善企业内部各类监督体系，加强对权力集中、资源密集的部门和岗位的监督和对重点工作任务的监管。通过推动纪检监察监督、审计监督、民主监督等各类监督体系有机衔接，形成监督合力，提升监督效能。

一是明确审计部、纪检监察室、计划财务部等部门的监督职责，二是发挥法律事务部在经营管理中的法律审核把关作用，三是实行企业内部职工民主监督。国有企业可通过强化内部监督控制，实现各类监督贯通协调，企业内部相互制衡，避免相关部门或人员相互串通、徇私舞弊等，有效防范财务、运营、法律、廉政、道德等风险，推进国有经济健康发展。

5. 加强企业信息化建设

近年来，国内信息技术高速发展，并广泛应用于各领域各方面，国有企业管理也不例外。各种现代化技术手段的应用有利于提高管理效率，同时符合现代化企业发展的趋势。国有企业优化组织结构，重要手段之一是推进企业信息化建设，提高信息化水平，推进企业数字化转型，减少信息失真，增强组织的灵活性。国有企业可加强信息化系统的推广应用，使信息化系统成为转变管理方式、提升管理能力的平台和载体，成为企业提高经营管理水平的抓手和工具。企业信息化建设主要按照如下流程展开：启动项目前期工作、部署采集交换平台、对接系统采集数据、上线运行推广应用、持续优化提高质量等。通过信息化整合企业信息资源，统一工作平台，畅通共享渠道，建立健全信息系统，实现动态管理，提升企业整体工作效能。

6. 推动企业管理创新

国有企业应不断推动企业管理创新，优化组织结构，全面提质增效，增强企业持续发展动力。企业可通过将创新贯穿生产经营活动的全过程，推进管控模式创新，转变管理方式，建立适应市场化环境的内部管理机制。国有企业可重点推进战略规划、财务管理、业务流程、人力资源管理等关键环节的管理创新，积极开展行业对标活动，持续提升企业精细化管理水平，促进企业市场竞争力的提高，从而实现企业持续发展。

为鼓励探索创新，激发和保护创新精神，国有企业可建立健全考核容错机制，针对管控模式创新、转变管理方式等过程中出现的失误、错误或损失，或在短期内未能实现预期目标的，可在考核和责任认定上不做负面评价。

（二）人力资源管理的优化

国有企业优化人力资源管理，有助于提高人力资源管理专业水平，实现全面发展，有助于提升企业组织架构管理能力，让人力资源管理更专业，创造管理方式，提高运行质量和效果。要利用组织架构的创新，提高专业能力水平，促进企业的高速发展，只有如此，企业的员工才能更好地发展，员工能力与水平才能得到根本性的提升。人力资源发展具备较强的推动力，保持人力资源规划设计的科学性与合理性，企业的发展可以更加顺利，进而可以建设更加完善、合理的企业组织架构模式，让企业人力资源管理工作顺利实施，企业管理水平得到提升，确保组织架构的设置的科学性、专业性。企业通过提升组织架构能力水平，对国有企业的内部员工进行专业培训，员工、干部经过培训可以在短时间内提升工作能力，而通过选择合适的培训方案、总结经验教训，员工可以实现自我能力的提高。企业人力资源管理团队建设，通过对招聘、培养、任用、反馈等多个环节的管理，各个环节都能够顺利进行，使得人力资源团队更具专业性，有助于培养高水平的员工团队，创造高水平的人力资源管理队伍。在人力资源管理工作进行中，要借鉴国外先进的管理技术，在实践中总结经验，满足企业发展战略要求，从而可以全面提升人力资源管理水平，为企业发展提供高质量人才。此外，国有企业管理者要分析实际情况，必须坚持创新理念，让组织架构管理模式得到有效的改变，保证管理效果和质量。人力资源管理部门应分析企业的实际情况，将人员素质提升作为主要的方向，学习先进理念，确保组织架构体系更具科学性，明确管理程序和标准，最终实现人力资源管理水平的提升。只有这样，才能更好地保证企业组织架构管理的顺利实施，对于企业的全面发展起到积极作用。

三、强化财务管理和资本运作

为了更好地适应市场经济环境，国有企业需要以市场为导向，重塑企业运行机制。除了上面提到的优化组织架构和人力资源管理之外，强化财务管理和资本运作也是国有企业以市场为导向，重塑企业运行机制的重要举措。

首先，企业应该建立科学的财务管理制度，提高财务决策的精度和准确性，合理分配资金和资源，增强企业的盈利能力和现金流动性。在财务管理方面，国有企业应该注重内部控制，加强财务监督，做好财务预算和成本管理，提高经营效益。同时，企业还应该探索新的融资渠道，如发行债券、股权融资等，增强企业的资金流动性和风险管理能力。此外，企业还应该加强对财务数据的分析和利用，制定有效的财务指标和评估体系，为企业的战略决策提供支持。

其次，企业还应该加强资本运作，探索多元化的资本运作模式，优化资产结构和负债结构，提高企业的资产回报率和股东权益。在资本运作方面，国有企业应该注重资产管理和配置，根据市场需求和自身优势，优化资产组合和结构，提高资产质量和效益。同时，企业还应该探索多元化的股权结构，吸引社会资本的投入，优化企业的治理结构和经营模式，此外，企业还应该加强对外投资和并购，实现资本的跨地域和跨行业流动，提高企业的风险分散和业务拓展能力。

四、创新管理模式和流程

（一）推进数字化转型

国有企业可以通过数字化转型，提高业务流程效率和管理效能。国有企业数字化转型可以通过以下措施实现：

1. 建立数字化管理平台

建立数字化管理平台可以帮助企业实现内部信息化、数字化和自动化的管理，提高管理效率和流程效率。数字化管理平台可以集成各类企业管理系统和软件，如财务管理系统、人力资源管理系统、销售管理系统等，还可以实现企业与客户、供应商和合作伙伴之间的数字化互联，实现信息共享和高效管理。

2. 推广数字化流程

数字化流程是通过数字化工具，如协同平台等，实现企业内部业务流程数字化和自动化的方式。数字化流程可以提高业务流程的效率和可控性，减少流程中的烦琐、低效和错误的环节，加速流程的完成。数字化流程还可以提高企业业务流程的可视化和透明度，帮助企业管理人员更好地了解业务运营情况和问题，做出更快速和准确的决策。

3. 引入人工智能技术

人工智能技术可以实现企业管理的智能化和自动化，提高管理效率和决策效能。人工智能技术可以通过机器学习、自然语言处理等技术实现对海量数据的处理和分析，同时还可以实现企业内部的智能化和自动化管理，如智能客服、智能采购等，帮助企业管理人员更好地了解市场和业务情况，做出更快速和准确的决策。

（二）打造创新文化

国有企业要在当前激烈的市场竞争中生存和发展，提高管理效率和竞争力，需要不断创新管理模式和流程，而创新文化是创新管理模式和流程的重要基础，是打造创新型企业的核心。本书将从建立创新引领机制、建立创新研发机构、建立创新培训机制、推进开放创新等方面入手，探讨如何打造创新文化，以及如何通过创新管理模式和流程实现企业的可持续发展。

第一，建立创新引领机制。创新引领机制是一种通过激励机制来鼓励员工创新的管理模式。可以通过设立创新基金等方式，激励员工积极创新。创新基金可以用于支持员工创新项目的研发和实施，创新奖励可以用于奖励有创新成果和创新贡献的员工。第二，建立创新研发机构。创新研发机构可以为企业提供创新研发和实验平台，鼓励员工探索和实验新的管理模式和流程。可以建立研发中心、创新实验室等机构，专门负责企业的研发和实验工作。这些机构可以提供良好的研发和实验环境，为员工创新提供便利和支持。此外，还可以引入外部的创新资源，如高校、研究机构等，与企业共同开展研发工作。第三，建立创新培训机制。创新培训机制可以通过内部培训、外部学习等方式，提高员工的创新能力和管理水平；还可以鼓励员工参与各种创新活动和竞赛，提升员工的创新思维和实践能力。

五、加强科技创新和研发投入

国有企业是国家经济社会生活中的重要组成部分，它们的发展不仅关乎自身的经济效益，也关乎整个国家的经济发展。然而，由于历史原因、管理制度等多种原因，国有企业在科技创新和研发投入方面存在一定的困难。本书将详细探讨如何加强国有企业的科技创新和研发投入。

（一）完善国有企业的管理制度

1. 完善管理制度结构

管理机构是负责国有企业全面运行管理的重要场所，是协调整个企业工作，使企业正常运行以及监督保障企业日常工作稳步推进的关键环节。制度作为企业内部的规范，是微观层面的重要指引，制度的建立必须以国家、行业、的相关法规为准绳，否则会失去存在的意义。企业制度仅会在企业内部组织方面规范个人行为，也要受到法律、法规、传统和习俗等内容的制约，更会受到企业治理结构的限制。企业的制度体系不仅仅是要管人，而且要通过规范企业中员工的行为来实现组织的目标，进而实现企业的持续、稳定、健康发展。

因此，国有企业的制度不仅要受到自身发展战略的影响，制度的存在还要为企业发展战略的实施提供保障，企业的管理制度体系实际而言就是企业各项管理流程的规范性表现，只有确定了科学合理的经营管理后，才能更为完备、合理地制定企业各项管理规章制度，以确保各经营环节的有序、协调。要形成横向分类、纵向分级的企业制度体系框架，通过建立管理制度树状图，确保企业管理制度框架横向无遗漏、纵向不交叉，确保制度全覆盖，实现企业生产经营目标的实现。可见，协调管理制度结构作为国有企业重要的管理前提，是企业管理制度未来发展的重要基础。

同时，当企业的经营环境、技术应用、人事等出现变化时，制度建设等工作应及时修订完善，在实际的施行过程中，效果不好或者覆盖范围不足的制度内容，都应该边执行、边上报、边完善，确保制度执行的时效性，管理工作的有效性。

2. 引入专业人员

如果国有企业从管理制度的最初设计开始，就做到各个步骤的严谨细致，那在后期的执行过程中必然应该是顺畅的。但是大多数的国有企业都缺乏专业的管理人才，很多的管理制度的设计都不够合理。因此，国有企业对于管理人才的聘用显得尤为重要，要引入环节专业人员，多考虑成本效益，将资金使用效益最大化，专业化制定企业制度。国有企业内部还应成立制度体系建设管理领导小组，将制度的立项、审核、批准等过程分离。制度动议部门提交制度立项申请，领导小组依据企业整体的发展战略，经过统筹协调，把握制度建设的适宜性和系统性，制定出制度内容以对之前的内容形成衔接和补充。经审批同意后通过立项研究，由职能部门起草具体制度，草拟后领导小组可邀请业内专家进行专业性审核，确保适应性与可操作性，最后经审核通过后形成制度发文施行，进而确保环环相扣，稳步推进。

3. 强化宣传监督机制

在新制度出台后，企业的宣传管理部门要加强对制度内容、涉及范围、辐射区域、责任部门等信息进行宣传，确保各部门可以对新制度的内容熟悉、了解。基于国有企业的庞大性与冗杂性，在宣传方式选择上要跳出集中教育、考试考核、专家培训等传统形式，多尝试通过微信公众号、微博、今日头条等进行制度宣传，还可以专门设置学习板块和专栏，供员工进行业务学习。此外，还可以建立畅通的沟通反馈渠道，营造鼓励性的沟通氛围，增进员工对制度的认同，消除在执行过程中产生的抵触情绪。

企业管理制度最重要的是要考量其落实情况，为更好地推进管理制度的落地执行，要进一步完善监督检查机制，管理人员要充分发挥带头作用，支持制度的落实执行，严格按照制度办事，为员工做好榜样。而且要在企业内部建立健全的监督检查机制，通过定性定量结合，做好过程监督、年终考核、反馈执行、定期督导评估，进而形成人人遵守制度的文化，提高员工对制度执行的积极性。

（二）加强国有企业与高校、科研机构的合作

一是国有企业应该与高校、科研机构建立长期稳定的合作机制。合作机制的建立需要建立在双方的共同理解和信任的基础之上，应该充分考虑企业的实际需求和科研机构的优势，制定明确的合作协议和工作计划，明确各自的职责和任务。此外，双方还应该建立科技成果转化的机制，将科研成果转化为实际生产力，推动科技成果产业化；二是国有企业可以充分利用高校、科研机构的科技资源，共同开发新产品、新技术。高校、科研机构具有雄厚的科研实力和很高的技术水平，国有企业可以借助其科技资源，共同研究新产品、新技术，提高企业的科技创新和研发能力。双方还可以共同建立实验室和技术研发中心，打造高水平的科研平台，促进产学研融合，推动技术创新；三是国有企业应该加强与高校、科研机构的人才交流和合作，共同培养更多的科技人才。高校、科研机构拥有一批高水平的科技人才，国有企业可以通过与高校、科研机构的合作，引进优秀人才，提高企业的科技人才队伍建设水平。同时，企业还可以为高校、科研机构提供一定的人才培训和科研经费支持，鼓励科技人才创新。

（三）加强知识产权保护

在知识经济时代，知识产权已经成为企业发展的核心竞争力。国有企业作为我国经济发展的重要支柱，也应该重视知识产权保护，加强企业的科技创新和研发投入能力。本节将从加强法律法规建设、建立知识产权管理机制和建立知识产权激励机制三个方面探讨如何加强国有企业的知识产权保护。

首先，国有企业应该加强法律法规的建设，完善知识产权保护的法律制度，为企业的知识产权保护提供保障。法律法规的建设是知识产权保护的基础，只有法律法规得到完善，才能更好地保障企业的知识产权。国有企业应该积极参与知识产权法律制度的建设，提出自己的意见和建议，使法律法规更符合企业的实际情况和需求。

其次，国有企业应该建立知识产权管理机制，对企业的知识产权进行专门管理和保护，防止知识产权被侵犯和盗窃。知识产权管理机制包括知识产权的申请、审查、维护、监管等环节，是保护企业知识产权的关键。国有企业应该建立专门的知识产权管理部门，制定相关的管理规章制度，加强知识产权保护的各个环节，确保企业的知识产权得到有效的保护。

最后，国有企业应该建立知识产权激励机制，对员工的技术创新和发明进行奖励，鼓励员工进行技术创新和发明。知识产权激励机制可以激发员工的积极性和创造性，推动企业的科技创新和研发投入。国有企业可以采用多种方式对员工进行激励，如发放专利奖金、股权激励等，同时要加强对员工知识产权意识的培养，让员工意识到知识产权的重要性，更好地保护企业的知识产权。

（四）加强企业文化建设

1. 以思想建设为魂，企业文化建设葆初心

习近平在全国国有企业党的建设工作会议上指出，坚持党的领导，

加强党的建设，是我国国有企业的光荣传统，是我国国有企业的根和魂，是我国国有企业的独特优势。中国特色现代国有企业制度“特”在把党的领导融入公司治理各环节，把企业组织内嵌到公司治理结构之中。

树高千尺不忘根。思想政治工作是党的优良传统和政治优势，是经济工作和其他一切工作的生命线。坚持思想建设，是国有企业发展的重要前提和基础。要不断加强党对国有企业思想政治工作和精神文明建设的坚强领导，把党的思想贯穿始终；在习近平新时代中国特色社会主义思想的指引下抓实“三会一课”，推进“两学一做”，做好思想学习教育常态化，不断增强国有企业广大党员干部群众创先争优的思想自觉和行动自觉，不断提升企业思想政治工作和精神文明建设水平。

深圳市投资控股有限公司旗下的深圳湾创业广场党委在全国率先提出“跟党一起创业”的理念，推行党建与产业“双创双孵”，以党建服务企业发展，汇聚创新创业力量，为深圳湾创业广场 350 多家入驻企业、3 万多名员工打造具有先进文化的红色思想家园，成功引进国内外一流创业孵化及专业服务机构 50 余家，孵化创业项目 421 个，累计产值超过 1 000 亿元。

2. 以制度建设为纲

制度优势是党和国家最大的优势 。国有企业文化在建设过程中，应积极把党的政治优势转化为企业的制度优势，通过做好顶层设计和体系建设，统一全体员工对企业文化的认知，统筹推进企业文化制度、机制、体系建设及发展规划等配套建设。

国有企业必须把党的思想大旗挺起来、立起来，将党的思想融入文化制度建设，将企业特色融入制度建设，做到继承和创新相结合，做到文化建设规划与企业发展战略相结合，使之真正渗透到企业发展、人才管理、市场拓展等活动中，切实转化为企业管理行为、组织行为的价值引领和富含企业文化特色的市场竞争优势。

中国核工业集团有限公司（以下简称“中核集团”）于 2015 年 6 月

上市后，重新梳理了企业文化发展脉络。通过建立中国核电卓越文化体系，制定企业文化建设专项规划与《中国核电企业文化建设 工作管理制度》，发布《中国核工业集团有限公司企业文化理念体系》等举措完善企业文化建设的制度体系顶层设计，形成制度保障和规划指引；通过召开年度文化建设推进工作会和专题部署会，成立中核集团宣传文化中心，建立中国核电卓越文化体系宣讲师队伍；通过开展企业文化建设培训班和培训讲座等措施完善企业文化管理机制、平台建设和队伍建设，有效地将企业文化理念转为具体行动，推动企业文化落地生根，形成强大的文化软实力。

近年来，中核集团荣获了全国企业文化优秀成果奖、央企精神文明建设“五个一工程”奖、中国企业海外形象建设“跨文化融合类”优秀案例、改革开放 40 年中国企业文化典范组织等多个奖项。这充分说明企业文化建设对增强企业员工自豪感、企业认同感和增强对企业长远发展信心有良好的作用。

3. 以主体建设为源，企业文化建设暖人心

企业是由人构成的社会单元，员工既是企业文化的学习者和受益者，又是文化建设的传播者和创造者。没有员工的积极参与，没有员工的普遍认可，企业文化就是无本之木、无源之水，也就难有作为。

企业文化建设要充分发挥员工的主体作用，让 员工主动充分参与到文化建设中来，将自上而下和自下而上相结合，广泛征求员工的意见和建议，并结合企业特点和发展方向确定其企业文化的核心内涵。这既是员工参与企业决策的过程，也是员工自我启发吸收的过程，使企业文化真正被员工接受，成为自己的文化。其次，要加强企业文化的宣贯，将企业文化理念贯穿于企业管理过程，强化企业文化的影响力和认同感，让每个人都成为企业文化的传播者和建设者，增强员工的“主人翁意识”，巩固员工的“主人翁地位”，让员工以更加昂扬自主的状态投入到生产工作中。中国远洋海运集团有限公司（以下简称“中远海运”）于

2016 年由两家航运央企重组成立，并在 2018 年被列入新一批国有资本投资运营公司试点企业。面对多重文化叠加的企业历史和崭新的未来画卷，为了更广泛地动员广大员工参与企业文化打造，从更深层次处提炼全体员工的认同和遵守，并能集中展现企业特色的文化价值观念，中远海运 于 2016 年向全体员工公开征集企业新 logo，在 2018 年再次公开征集企业文化理念，包括企业精神，工作格言，企业目标，经营、服务、安全、质量管理理念，党群 文化，劳模精神等方面。这些企业文化建设暖人心，得到了广大员工热烈参与，使他们的精神面貌发生了积极变化。总之，为重组企业未来长远稳定发展扎下了深厚的文化根基。

4. 以平台建设为基础，强势展现企业良好形象

企业文化并不仅仅是挂在官网上的几句口号，也不是汇报材料中的一页 PPT 。企业文化融于企业的各个角落，同时又通过每处细节展示出来，其中的闪光点需要借助平台的力量展示放大。挖掘“真善美”，展示“真性情”，将企业文化人格化、具体化，这样的企业文化才更具感染力和传播力。

“李杜诗篇万口传，至今已觉不新鲜。”企业在发展，文化在更新，时代在变化 。在“互联网 + ”时 代下，技术更新迅速，平台形式层出不穷，文化风向瞬息万变，企业文化想要形成持续影响力，必须要打造符合时代传播规律的文化平台，如借助热点制造文化话题，将短视频、快闪片等投放至互联网平台，通过 H5、互动长图、表情包等方式发布企业文化信息等，这适应了当下“短平快”的信息获取方式 。同 时借助大数据技术建立有效的反馈机制，形成企业文化平台“运营—传播 —反馈 —优化”闭环，实现以数据反观效果，以效果优化平台，以平台助力文化传播。

许多国有企业设立了专门的部门或机构，承担企业的文化传播、品牌建设、媒体运营等职能 。如中核集团成立的中核集团宣传文化中心、中国中铁集团的党委宣传部等 。2018 年，由中国中铁四局负责的龙岩新

老站房线路转场工作在 1 月 19 日 18 ： 22 正式开工，中建四局通过全景摄影、无人机航拍、延时拍摄、拍摄制作动图、现场采访等方式记录下当时 1 500 人、34 台大型设 备、上百台小型设备同时作业并仅用 8.5 小时就完成新老站房线路转场、新站台启动的基建壮举，后编辑成短视频发布在抖音、快手、B 站等视频平台，以及微信公众号、头条等内容平台，仅在抖音平台，单个短视频就获得了 66.9 万点赞，随后被多个播主转发，形成裂变传播，并被央视报道，中建四局成为家喻户晓的“基建狂魔”。

（五）加强国有企业创新创业人才引进和培养

国有企业需要加强创新创业人才的引进和培养，以提高企业的科技创新和研发能力。而这需要国有企业采取积极的措施，加强人才引进和培养，建立人才交流合作机制，以及加强创新创业文化建设。

首先，国有企业需要加强人才引进。在现代社会中，创新创业人才是企业发展的重要动力。为了吸引更多的优秀人才，国有企业应该建立健全的人才引进渠道和制度，提供优厚的薪酬待遇和良好的发展环境。国有企业应该采取积极的措施，吸引国内外优秀的创新创业人才，例如建立专业的招聘团队，与高校和科研机构合作，参加各种创业和创新展会等活动，以招揽更多的人才。

其次，国有企业需要建立科学的人才培养机制。人才是企业发展的基础，而人才的培养需要科学的培训和职业发展规划。国有企业应该建立专业化的培训体系，为员工提供必要的技能和知识培训，提高员工的综合素质和创新能力。此外，国有企业还应该鼓励员工参加行业协会、学术交流等活动，促进员工的专业技能的提高及知识的更新和交流。

再次，国有企业应该加强人才交流合作。人才交流合作是企业提高科技创新和研发能力的重要途径。国有企业应该与高校、科研机构、其他企业等建立联系，共同开展科技创新和研发投入项目，加强人才交流和合作，提高企业的创新能力和竞争力。通过人才交流和合作，国有企业能够借鉴和吸收其他企业的先进技术和管理经验，推动企业的科技创新和研发投入，促进企业的长远发展。

最后，国有企业需要加强创新创业文化建设。创新创业是企业发展的必由之路，而创新创业文化是支持企业发展的重要保障。国有企业应该注重创新创业文化建设，这是提高企业的创新能力和市场竞争力的必要条件。创新创业文化是一种鼓励员工敢于尝试、勇于创新的价值观和理念。国有企业应该积极传承和发扬这种文化，激发员工的创新热情和积极性。

为了加强创新创业文化建设，国有企业可以采取以下措施。

1.建立创新创业文化培育机制

国有企业应该建立一套科学的文化培育机制，通过制度建设、管理体制优化等方式，培养和引导员工树立创新创业意识，激发员工的创新创业精神。

2.建立创新创业文化评价机制

国有企业应该建立创新创业文化评价机制，对员工的创新能力、创业精神等进行评价，对表现突出者进行奖励和表彰，营造出一种重视创新创业的企业文化氛围。

3.建立创新创业文化宣传机制

国有企业应该通过各种渠道，如企业内部刊物、网站、宣传视频等，向员工传递创新创业文化理念，让员工深刻认识到创新创业的重要性，激发员工的热情和积极性。

4.建立创新创业文化实践机制

国有企业应该在企业内部建立一些创新创业实践平台，如创新创业大赛、创新创业实践基地等，鼓励员工参与创新创业实践活动，提高员工的创新能力和实践能力。

第三节　以效益为中心形成经济结构优化机制

随着经济全球化和市场竞争的不断加剧，许多国家都在积极探索以效益为中心的经济结构优化机制。这种机制的核心是以经济效益为导向，通过调整产业结构和优化资源配置，实现经济转型和可持续发展。国有企业要形成这种机制需要从以下方面着手：

一、建立智能化制造体系

对于国有企业来说，建立智能化制造体系意味着需要在技术、流程、组织等方面进行全面的升级和改变。首先，需要从技术层面入手，建立数据基础架构，实现数据采集、存储、处理、分析和应用的有效整合。其次，需要引入物联网、云计算、大数据、人工智能等技术，构建智能化制造系统，提高生产设备和工厂的智能化水平，实现设备、工厂、供应链等多个环节的智能化管理和协同运作。

在流程方面，国有企业需要建立数字化生产流程，实现从产品设计到制造和物流的全生命周期数字化管理，使得整个生产过程更加高效和可控。同时，需要实现人机协作，将人工智能技术与传统制造业结合，实现机器人和人类的协作，提高生产效率和安全性。

在组织方面，国有企业需要构建产业互联网平台，实现工厂、设备、零部件、供应商等多方的协同和智能化管理。这需要建立全面的安全保障体系，包括网络安全、数据安全、信息安全等，以确保工业互联网智能制造系统的安全稳定运行。此外，国有企业还需要加强人才引进和培养，吸引并储备智能制造方面的专业人才，为智能化制造的发展提供有力的人才保障。

除此之外，国有企业还可以通过以下措施来建立智能化制造体系：

第一，推动智能制造技术的应用。国有企业可以通过引进智能制造技术，建立数字化生产流程和智能化制造系统，提高生产效率、品质和灵活性，为企业的数字化转型和升级提供有力的支撑。

第二，建立智能制造标准和规范。国有企业可以参与智能制造标准和规范的制定和实施，为整个行业的智能制造的发展提供有力的支撑。

第三，引进智能制造人才。国有企业可以通过引进和培养智能制造方面的专业人才，提高企业的智能化水平和竞争力。

第四，建立智能制造生态系统。国有企业可以通过建立产业互联网平台，实现工厂、设备、零部件、供应商等多方的协同管理和智能化管理，促进整个智能制造生态系统的发展。

第五，加强安全保障。国有企业需要建立全面的安全保障体系，包括网络安全、数据安全、信息安全等，以确保工业互联网智能制造系统的安全稳定运行。

二、加强科技创新和技术转移

加强科技创新和技术转移是国有企业走向高质量发展的必经之路。要加强科技创新和技术转移，需要做到以下几点：

1.国有企业应制定科技创新战略和规划

制定科技创新战略和规划是实现企业科技创新和技术转移的基础。国有企业应根据自身实际情况和市场需求，制定符合自身特点和市场需求的科技创新战略和规划。在制定科技创新战略和规划时，应充分考虑技术发展趋势和市场需求，并制定相应的研发计划和预算，为科技创新和技术转移提供有力的支撑。

2.国有企业应深化技术合作和联合攻关

技术合作和联合攻关是企业引进和集成先进技术成果的重要手段。国有企业可以选择与同行业或不同行业的企业合作，共同研究开发新技术和新产品，实现技术共享和资源整合。通过技术合作和联合攻关，国有企业可以引进和集成国际先进技术成果，提高企业的技术创新能力。

3. 国有企业应加强研发机构的建设和运作

研发机构是企业开展科技创新和技术转移的重要平台。国有企业应加强研发机构的建设和运作，在研发机构建设和运作方面，国有企业可以通过引进高端人才和科技创新团队，加强对科研项目的组织和管理，加强对成果的转化和应用，提高自身的技术创新和成果转化率。

4. 国有企业应建立技术转移机制和平台

建立技术转移机制和平台是企业实现科技成果转化的重要手段。国有企业应建立科技成果转移机制和平台，加强技术交流和合作，建立技术合作和交流平台，促进技术的共享和传播，将科技成果转化为生产力，为企业发展注入新的动力和活力。在建立技术转移机制和平台方面，国有企业可以通过建立技术转移中心或技术孵化器，为科技成果的转移和应用提供平台和支撑。

5. 国有企业应建立知识产权保护体系

知识产权保护是企业实现科技创新和技术转移的必要条件。国有企业应建立完善的知识产权保护体系，保护企业的知识产权和技术成果，为技术转移和科技创新提供有力的保障。在建立知识产权保护体系方面，国有企业可以加强知识产权保护意识和法律意识，建立完善的知识产权管理制度和保护机制，加强知识产权的申请、管理和保护。

国有企业应加强科技创新和技术转移，以实现高质量发展的目标。要实现这一目标，企业应制定科技创新战略和规划，深化技术合作和联合攻关，加强研发机构的建设和运作，建立技术转移机制和平台，以及建立知识产权保护体系。只有通过不断的努力和改革，国有企业才能在全球竞争中获得更大的发展机遇和优势，为实现经济高质量发展做出更大的贡献。

三、优化资源配置

优化资源配置是企业实现高质量发展的必经之路。针对国有企业应如何优化资源配置，下面列举几个案例来说明。

中国石油化工集团公司（以下简称“中国石化”）优化资产负债管理，实现了企业资源配置的优化。中国石化是中国石油化工行业的龙头企业之一，资产规模庞大。为了优化资源配置，中国石化加强了资产负债管理，实现了对资产负债结构的优化和对风险的有效管理。中国石化还通过重组和整合，实现了生产要素的优化配置，加强了人力资源管理，提高了供应链效率和经济效益。

中国移动优化人力资源配置，提高了人才队伍的整体素质和创新能力。中国移动是中国电信行业的龙头企业之一，为了实现高质量发展，中国移动加强了人力资源管理，包括人员数量、人员结构、培训和激励机制等方面。中国移动通过引进高端人才和培养内部人才，实现了人才资源的优化配置，提高了整体素质和创新能力。同时，中国移动还建立了完善的绩效考核和激励机制，提高了员工的积极性和工作效率。

中国铁路优化供应链管理，提高了供应链效率和灵活性。铁路是我国重要的基础设施，供应链管理的优化对于实现高质量发展至关重要。中国铁路通过建立供应链信息系统，实现了供应链的数字化管理和智能化协同，提高了供应链的效率和灵活性。同时，中国铁路还加强了供应商选择、采购管理和库存管理等，实现了供应链的优化，提高了经济效益和社会效益。

国有企业优化资源配置是实现高质量发展的必要手段。国有企业可以从资产负债管理、生产要素配置、人力资源配置、供应链管理和投资布局等方面入手，通过优化资源配置，实现资源利用的最大化和收益的最大化。此外，国有企业还应注重风险控制和环保要求，实现资源配置的优化。只有通过不断的努力和改革，国有企业才能在全球竞争中获得更大的发展机遇，推动经济高质量发展。

四、建立市场化机制

建立市场化机制是国有企业走向高质量发展的必经之路。那么，国有企业为何要建立市场化机制？如何建立市场化机制？下面将从这两个方面进行阐述。

（一）为何建立市场化机制

国有企业在改革开放初期承担了重要的历史使命，但在市场竞争的环境下，其在资源配置、效率、质量等方面存在一定的不足。因此，建立市场化机制成为国有企业走向高质量发展的必要条件。具体原因如下：

1. 市场化机制可以激发企业的活力和竞争力

建立市场化机制可以让企业在市场竞争中发挥优势和特长，从而提高企业的活力和竞争力。市场化机制可以通过市场竞争的方式，推动企业加强技术创新和提高产品质量。

2. 市场化机制可以提高资源配置效率

市场化机制可以通过市场价格的形成和调节，实现资源的有效配置和利用。建立市场化机制可以让资源配置和流动更加自由和灵活，实现资源利用的最大化和效率的最大化。

3. 市场化机制可以推动企业的改革和创新

市场化机制可以让企业在市场竞争中加强改革和创新，推动企业向质量效益型和技术创新型企业转型。市场化机制可以推动企业加强自主创新，提高企业在市场中的地位。

（二）如何建立市场化机制

1. 建立市场化的人才选聘和配置的选拔机制

市场人才选拔是优化团队结构，为企业发展引进所需人才的一个非常重要的环节，国有企业要根据企业的实际情况自主招聘相应的专业人才。企业必须面向人才市场，通过学校招聘、社会招聘、内部招聘、猎头推荐等方式招聘人才，重点跟踪和关注企业急需的人才和市场稀缺的人才，确保满足企业发展对人才的需求，确保满足人才梯队建设的需求。

与此同时，必须建立市场化的人才配置机制，不是人找位子，而是位子找人，通过岗位动态管理，通过岗位分析、绩效评估等多种方式对岗位适配情况进行评估，通过内部应聘等方式动态调整、优化人员配置，在企业内建立内部人才市场，促进人才流动，满足企业发展对人才和人才发展的需求。

2.建立强激励、严约束的用人机制

实行按劳分配为主、效率优先、兼顾公平的多种分配方式的国有企业薪酬改革原则，但在实际工作中难以实施。在实践中，国有企业工资总额受到严格管理，内部分配受到国家宏观指导，不能完全市场化。因此，在这方面必须灵活处理。一方面，国有企业应积极对标行业标杆企业，根据市场化原则不断优化工资总额管理方法和工效工资挂钩方法，积极探索中长期激励方法，为企业发展争取更大的薪酬分配空间。另一方面，在内部分配上，一定要打破平均主义、“大锅饭”，在职位序列上要按照价值创造的原则，向高价值创造的职位序列倾斜，如高级管理序列、研发序列、营销序列、资本运作序列、高技能人才序列等。

对于真正为企业做出突出贡献的人才，薪酬制度不能僵化，可以上不封顶，也可以设置更灵活的薪酬制度，采取专项奖金发放、股权激励、超额利润分享等各种方式对高价值人才进行有效激励。

同时，强有力的激励必须与严格的考核相匹配。绩效指标必须与企业的经营效益指标挂钩，实现企业年度经营计划中确定的各项目标，确保组织绩效与岗位绩效无缝对接。每个岗位必须要落实职责要求，设置不同的绩效指标。绩效管理一定要刚性兑付，跟干部职工的薪酬、职位调整等密切挂钩，将考核结果作为收入能增能减的依据、干部能上能下的依据、职工能进能出的依据。

3. 建立多维职业渠道转型的育人机制

传统国企内部，晋升机制单一、僵化，职业通道十分狭窄，极大地阻碍了员工的成长，也不利于企业的发展。所以，市场化选人机制就要建立复合的职业通道，给员工更多的职业发展空间，引导员工通过自己的努力获得更大的发展空间，培养出高素质的专业人才队伍。所以，在职业通道上，要建立一个科学职业通道体系。要纵向设置重组等级，如设置 6 个等级，使员工有足够的晋升空间。与此同时，要科学地设置多个职业通道，如管理者、市场营销者、研发者、技术人员等不同的职业通道，并为不同的职业通道设置相应的人才晋升机制。

同时，要推进企业内部人才轮岗和人才梯队建设，根据岗位胜任力模型和岗位责任要求建立系统培训体系，通过培训、调岗等多种方式支持员工发展，明确不同职业通道间转换的条件和资格，推动人才发展，使各类人才在企业发展中实现自我价值。

第四节　从产品经营到资本经营的实践研究

从产品经营向资本经营转变是国有企业转型升级的必由之路。在市场经济的大潮，国有企业需要进行资本经营，以实现企业的可持续发展和增强企业的市场竞争力。

一、从产品经营到资本经营的意义

在改革开放的大背景下，国有企业的产品经营模式已经逐渐过时。在过去的经营模式下，国有企业仅仅注重产品的生产和销售，缺乏对市场需求的深入研究和分析，没有对资本经营的积极探索和实践。而在新时代，国有企业需要进行资本经营，以实现企业的可持续发展和增强企业的市场竞争力。

国有企业通过资本经营可以实现产业结构调整和转型升级，提高企业的市场竞争力。国有企业虽然经过长期的经营实践，积累了很多经验，但是在市场化的环境下，已经不再适用。通过资本经营，国有企业可以实现资源优化配置，逐渐适应市场化的环境，可以提高企业的经济效益。在过去的产品经营模式下，国有企业往往只注重产品的生产和销售，没有对资本运作进行深入研究和分析。而在新的资本经营模式下，国有企业可以实现资本增值和效益的最大化。从产品经营向资本经营转变是国有企业转型升级和实现可持续发展的必由之路。通过资本经营，国有企业可以加快企业转型升级，推进企业的改革和发展，可以推动中国经济高质量发展。

国有企业是我国经济发展的重要支柱，其转型升级和资本经营对中国经济高质量发展具有重要意义。国有企业通过资本经营的方式，可以为中国经济高质量发展做出贡献。

二、国有企业如何从产品经营向资本经营转变

（一）建立完善的资本运作体系

随着我国经济的快速发展和市场化的不断深入，国有企业已经无法单纯依靠传统的生产经营模式来实现发展。通过建立全面的资本运作体系，国有企业可以更好地适应市场化的需求。

首先，国有企业应建立专业的资本运作团队，由具有资本市场化和投资运作方面经验的专业人员组成。企业还应不断完善资本运作机制和制度，提高企业资本运作的专业性和规范性。其次，国有企业要实施有效的并购重组。国有企业可以通过并购重组，实现资源的优化配置和效益的最大化。企业应充分考虑并购重组的战略和风险，制定详细的并购重组计划，确保并购重组的顺利实施。再次，还要推进股权多元化。股权多元化是实现资本市场化的一种有效手段。国有企业可以通过推进股权多元化，引进更多的股东，增加企业的资本流动性和市场透明度。股

权多元化也可以提高企业的市场竞争力和稳定性，增强企业的资本运作能力。最后，国有企业还要加强与金融机构的合作。资本运作需要大量的资金和金融支持，充分利用金融机构的优势和资源，可以实现资本运作的可持续发展。因此，要积极探索新的融资渠道和融资方式，扩大资金来源，提高企业的资本运作能力和水平。

（二）推动资本市场化

为了实现资本市场化，国有企业需要采取一系列措施。

第一，国有企业需要提高对资本市场的认识，加强对资本市场的研究和分析，了解资本市场的运行机制和规律，及时把握资本市场的变化趋势和发展动向。国有企业需要了解自身的资产负债状况和融资需求，根据自身实际情况选择适合的资本市场化模式。同时，需要积极推进上市进程，加快上市步伐。为此，国有企业需要深入进行股权结构调整和内部治理机制改革，健全公司治理结构和法律制度。企业还需要建立健全的信息披露和风险管理体系，提高公司财务报告的透明度和真实性，增强市场信心，赢得投资者信任。

第二，国有企业需要建立完善的股权激励机制，提高员工的积极性和创造性。通过股权激励，企业可以吸引和留住优秀人才，提高员工的工作积极性和创新能力以及员工对企业的归属感和责任感。国有企业需要加强与社会各界的沟通和交流，可以更好地了解社会各方面的需求和期望，提高企业的社会责任感和公信力，实现资源互补和共赢，推动企业的转型升级和可持续发展。

第三，国有企业需要加强与国际资本市场的合作，扩大国际市场影响力。通过加强与国际资本市场的合作，企业可以获取更多的资金和技术支持，推进企业的转型升级和国际化发展。

国有企业资本市场化是实现企业转型升级和提高市场竞争力的重要途径。为了实现资本市场化，国有企业需要积极推进上市进程，加快股权结构调整和内部治理机制改革，建立完善的信息披露和风险管理体系，探索并购重组、股权多元化等资本运作模式，加强与金融机构和国际资本市场的合作，建立完善的股权激励机制，加强与社会各界的沟通和交流，扩大国际市场影响力，实现企业的转型升级和发展。

（三）推进企业转型升级

1.打造“双轮驱动”模式

双轮驱动模式指的是通过资本市场和科技创新双轮驱动，推动企业转型升级。国有企业需要推动资本市场化，积极推进企业上市和并购重组，优化资产负债结构，提高融资效率。

2.加强内部改革和治理体系建设

国有企业需要加强内部改革和治理体系建设，推进企业的内部优化和升级。具体措施包括加强内部治理和监管，完善公司治理结构和法律制度等。

3.推动国际化发展和资源配置优化

国有企业要推动国际化发展和资源配置优化，需要通过国际化合作和资源整合。具体措施包括加强与国外企业和机构的合作，开展技术转移和项目合作，扩大国际市场份额和竞争力。

4.承担社会责任和加强环境保护

国有企业需要承担社会责任和加强环境保护，加强企业的社会责任感，积极开展环境保护工作，树立企业的良好形象。具体措施包括加强环境保护，降低企业的能源消耗和废物排放，推进绿色制造和低碳经济发展。同时，国有企业还需要加强社会责任感，积极参与社会公益事业，承担社会责任，提高企业的社会影响力和社会责任感。

三、加强产业整合和资源整合

国有企业是推动国家经济发展和国际竞争力提升的关键力量。在面对市场竞争和行业变革的时候，国有企业需要进行产业整合和资源整合，以提高企业的竞争力和核心实力。产业整合和资源整合不仅能够带来产业上的优势互补、资源优化配置，还可以实现资本化运营、国际化发展和可持续发展。

对于国有企业来说，加强产业整合是实现企业转型升级和提高竞争力的关键之一。产业整合是在同一产业链或产业板块内，对相关企业进行整合，形成规模更大、资源更为丰富的企业群。产业整合的具体措施包括推进产业链延伸和向纵深发展，加强产业协同和流程优化，实现产业转型升级和可持续发展。例如，国内的电力行业和钢铁行业就是通过加强产业整合实现了整合效益和资源的优化配置。

优化资源配置也是国有企业提高市场占有率的重要手段。资源整合是指将企业内部的各种资源进行整合，包括人力资源、财务资源、技术资源和物质资源等，实现优化配置和高效利用。国有企业需要优化资源配置，以提高资源利用效率、降低成本和提高竞争力。优化资源配置的具体措施包括推进内部流程优化和效率提升，加强资源共享和流动，实现资源整合和协同发展。

产业资本化运营的具体措施包括推进企业上市、发行债券等，优化股权结构和股权多元化，提高企业的融资效率和财务运营水平。例如，国内的互联网巨头阿里巴巴和腾讯等公司就是通过推进产业资本化运营，实现了资本的市场化运作和产业的快速发展。

另外，国有企业还需要实现可持续发展，以保障企业长远发展，承担社会责任。可持续发展是指在保障企业自身利益的基础上，兼顾社会、环境和经济的需求，实现企业的可持续发展和社会价值的最大化。可持续发展的具体措施包括加强企业环保意识，承担社会责任，推进绿色生产和生态文明建设，节约资源，实现资源循环利用，提高企业的可持续发展能力和社会形象。

四、开展国际化合作和创新创业

国际化合作可以带来优质资源和技术支持，拓展海外市场和渠道。国际化合作的具体措施包括加强国际产业链合作和跨国并购，推进国际化营销和品牌建设，实现产业转移和资源整合。例如，中国的海尔集团和美国的通用电气公司就是通过跨国并购和产业整合，实现了资源优化配置和品牌效应的最大化。

创新创业也是国有企业提高核心竞争力和实现可持续发展的重要手段。创新创业可以带来新的技术和产品，提高企业产品的技术含量和附加值，实现企业的产业升级和转型升级。创新创业的具体措施包括加强科技创新，增加研发投入，推进企业内部创新和创业文化建设，实现产学研合作和技术转移。例如，中国的华为公司就是通过加强科技创新和研发投入，实现了技术的领先和品牌的国际化发展。

国有企业还需要积极推进数字化转型和智能化升级，以适应信息化时代的需求。数字化转型是指将传统的物理资产、商业模式和产品转化为数字资产、数字化商业模式和数字化产品，实现企业的智能化、可持续发展和全球化发展。数字化转型的具体措施包括加强数据管理和挖掘，推进数字化产品和服务的创新和营销，实现数字化技术和传统业务的深度融合。例如，中国的阿里巴巴公司就是通过数字化转型，实现了传统商业模式向数字化商业模式的转变，打造了全球最大的电商平台。

另外，智能化升级也是国有企业实现转型升级和提高竞争力的重要手段。智能化升级是指通过信息化、自动化和智能化技术，提高生产效率、质量，实现企业的智能化生产和管理。智能化升级的具体措施包括加强自动化和智能化生产线的建设，推进物联网和大数据的应用，实现人机协同和智能化决策。例如，中国的格力集团就是通过智能化升级，实现了生产效率和产品品质的提高，提高了企业的市场占有率和品牌价值。

五、加强企业文化建设和品牌建设

国有企业应加强企业文化建设和品牌建设，提高企业的品牌价值和影响力。企业应认识到企业文化建设和品牌建设的重要性，加强品牌建设和品牌管理，提高企业的市场影响力和市场竞争力。例如，中国石油天然气集团有限公司（简称“中石油”）从过去的产品经营转变为如今的资本经营，推进了企业的转型升级和资本市场化建设。中石油从2000年开始推进资本市场化改革，先后采取了股权分置改革、深化股权激励、推进公司制改革等一系列措施。同时，中石油还加强了技术创新和研发投入力度，实现了转型升级，提高了企业的市场竞争力和经济效益。

从产品经营向资本经营转变是国有企业转型升级和实现可持续发展的必由之路。国有企业可以通过建立完善的资本运作体系、推进资本市场化、推进企业转型升级、建立资本运作机构和团队以及加强企业文化建设和品牌建设等方式，实现从产品经营向资本经营的转变，提高企业的市场竞争力和经济效益，实现企业的可持续发展，增强企业的市场竞争力。同时，企业应加强与政府部门的合作，共同推进国有企业的转型升级和资本市场化，实现企业的可持续发展，推动国家经济发展。

第五节　强化人才支撑

随着市场竞争的加剧和行业格局的不断变化，国有企业营销也面临着新的挑战和机遇。为了应对市场变化和实现企业转型升级，国有企业需要从招聘、培养、激励、评价等方面不断强化人才支撑，打造营销精英队伍，提高营销能力和竞争力。

一、从招聘方面强化人才支撑

在招聘方面，国有企业应该注重人才的综合素质和市场营销经验，重视其行业经验和市场敏锐度。

第一，国有企业需要在招聘流程上做出一些调整。在招聘营销人员时，要从候选人的综合素质、市场营销经验、行业经验、市场敏锐度等多个方面进行考核。对于有经验的人才，还应考虑他们在以往工作中的业绩和贡献，从而保证企业能够招到优秀的营销人才。

第二，国有企业还可以通过开展招聘活动、参加招聘会等形式，增强对营销人才的吸引力。在招聘过程中，国有企业应该积极与高校、社会组织等机构合作，通过多种方式吸引人才加入企业，同时为人才提供更多的选择。

第三，国有企业需要关注人才招聘的时效性和效率。随着市场环境的快速变化，企业需要更快速地响应市场需求，因此，国有企业需要加强与招聘公司的合作，建立更加高效的人才招聘渠道，同时加强内部招聘管理和组织协调，确保招聘工作的顺利进行。

二、培养方面的人才支撑建设

在培养方面，国有企业应该加强内部培训和外部学习，帮助营销人员掌握专业知识和实战经验。国有企业可以通过组织内部培训、讲座、交流会等形式，为营销人员提供系统的知识和技能培训。在培训过程中，应针对营销人员的工作实际需求，采用灵活多样的培训方式，注重实践操作和案例分析，使培训内容更加接地气。国有企业还可以鼓励营销人员积极参加外部学习和行业交流活动，提高营销人员的多元化素质，开阔视野，增强应对市场变化和客户需求的能力。在参加外部学习和交流活动时，国有企业应该注重引导营销人员结合实际情况学习，不断总结经验和教训，提高营销人员的反思和学习能力。国有企业还可以通过引进先进的营销理念和技术，促进企业营销的创新和升级。通过与高校、研究机构、咨询公司等合作，开展联合研究、项目研发等活动，引进国际化的营销理念和技术，提升企业营销能力和核心竞争力。

三、激励方面的人才支撑建设

国有企业需要建立科学、合理、灵活的激励制度，从而吸引、留住和激励人才，促进企业发展和成长。

（一）建立科学合理的激励制度

激励制度的设计应该有利于国有企业实施发展战略现实发展目标，同时考虑人才的特点和需求。激励制度应该体现公平、公正、公开的原则，注重激励的实效性和精准度。在激励制度的设计过程中，国有企业应该充分考虑人才的职业发展、个人价值实现等方面的需求，注重提高人才的工作满意度。另外，企业还要建立多元化的激励方式。多元化的激励方式可以更加有效地激励人才的积极性和创造性。国有企业可以采用多种激励方式，如薪酬激励、股权激励、福利激励、荣誉激励等方式，为人才提供全方位的激励支持。同时，国有企业也可以通过加强培训、岗位轮换、跨部门交流等方式，提高人才的专业水平和综合素质，促进人才的职业发展。

（二）注重激励效果的评估和激励方案的调整

激励效果的评估和激励方案的调整是激励制度的重要保证。国有企业应该重视激励效果的评估和激励方案的调整，根据评估结果及时调整激励制度和方案，提高激励的有效性和精准度。同时，要注意激励效果的跟踪和分析，对于激励效果不佳的情况，要采取积极的改进措施，不断优化激励制度和方案。在此过程中，要营造良好的激励氛围，加强激励文化建设。营造良好的激励氛围对于提高激励的效果和吸引人才至关重要，能够推动企业文化和员工价值观的升级。国有企业可以采取多种方式，如开展员工文化活动、举办年度表彰大会、制定激励标准和目标等方式，增强员工对激励制度的认知和理解，提高员工对企业的归属感和忠诚度。

（三）要注重公平和公正

公平和公正是激励制度的基本要求，也是吸引和留住人才的重要保证。国有企业应该注重激励制度的公平和公正，确保激励制度的透明、公开。企业应该制定激励标准和目标，避免采取一刀切的激励模式，根据员工的不同岗位、贡献和表现，量身定制激励方案。同时，企业应该对激励制度的实施过程进行监督和评估，确保激励制度的公正和有效。另外，企业还要建立完善良好的人才流动机制，给予人才更大的职业发展空间和更多的机会。企业可以通过岗位轮换、跨部门交流等方式，为员工提供广阔的职业发展空间，帮助员工实现自我价值。同时，企业应该加强对于人才的留用和培养，建立人才储备池，为企业的未来发展提供有力支撑。

四、从评价方面强化人才支撑建设

在国有企业的发展过程中，人才的评价是非常重要的环节。对于国有企业来说，建立科学、合理、公正的评价机制，对于提升人才队伍的素质、增强企业竞争力、实现企业发展战略目标有着重要的作用。以下是国有企业在评价方面应该注意的几点。

（一）建立科学合理的评价体系

在评价方面，国有企业应该建立科学、合理、公正的评价体系，从多个角度和方面对人才的素质、能力和业绩进行评价。评价指标的设定应该以企业的战略目标为导向，其中还要考虑到人才的岗位、职责和特点等因素制定评价体系。在此过程中，应充分听取人才的意见和建议，注重评价的客观性和公正性，防止因为主观偏见或评价体系的不科学而影响人才队伍的发展。

（二）注重评价结果的及时反馈和改进

评价结果的及时反馈和改进是评价工作的重要环节。国有企业应该及时向人才反馈评价结果，使其清楚自身的优缺点和改进方向。在评价结果存在问题或反馈不及时的时候，国有企业应该积极采用改进措施，不断优化评价体系，提高评价的精准度和有效性。评价结果应该被用于人才的激励和培养，从而激发人才的潜力和创新能力。

（三）采用多元化的评价方式

多元化的评价方式可以更加全面、客观地评价人才的综合素质和能力。国有企业可以采用多种评价方式，全面评估人才的工作表现和个人能力。

（四）注重评价结果的利用

评价结果的利用和落实是评价工作的重要环节，也是评价的最终目的。国有企业应该充分利用评价结果，为人才激励、培养、晋升提供参考，帮助人才发挥最大潜力、实现自身价值。针对评价结果的不足之处，要制定相应的改进计划和方案，为人才的发展提供更好的支持和保障。

（五）提高评价工作的公正性和透明度

在评价工作的开展过程中，国有企业应该注重公正性和透明度，防止评价结果受到人为干扰和影响。评价工作应该遵循公平、公正、公开的原则，保障人才的权益和利益，防止评价工作引起不良后果。

总之，在评价方面，国有企业应该注重建立科学、合理、公正的评价体系，加强评价结果的及时反馈和相关工作的改进，采用多元化的评价方式，注重评价结果的利用，提高评价工作的公正性和透明度。这些措施有助于促进国有企业人才队伍的发展，提高企业的竞争力，实现企业长远发展目标。

第五章　国有企业模拟民营企业市场管理与营销

第一节　模拟民营企业人力资源开发

民营企业在人力资源开发方面更加注重创新、灵活、高效的管理方式，对于人才的吸引、培养和发展也更加注重。而国有企业面临着、思维僵化、机制僵化等问题。因此，国有企业需要模拟民营企业的人力资源开发模式，以更好地适应市场变化和加强企业的核心竞争力。

一、国有企业需要建立灵活的人力资源管理机制

为建立灵活的人力资源管理机制，国有企业需要采取一系列措施。首先，需要调整机构设置，优化组织架构，以更好地适应市场变化和实现企业转型升级。这样的调整和优化可以为企业提供更大的发展空间，使企业形成更好的人才流动机制。这也将有利于吸引和留住优秀人才。

国有企业需要加强人才激励和管理机制的建设，制定合理的激励政策，包括薪酬、福利、晋升等方面。这样，国有企业可以更好地激发人才的积极性和创造性，提高工作效率和企业竞争力。对于优秀人才，国

有企业应该提供更多的发展机会，让他们感受到企业的关怀和支持。国有企业还需要建立完善的培训和发展机制，以提高员工的专业技能和素质。在这个过程中，他们需要通过内部培训、外部培训等多种方式，为员工提供更多的学习和发展机会，从而使员工能够更好地适应市场变化和企业发展需要。同时，国有企业还需要提高员工的自我学习和发展能力，让员工能够持续提升自己的专业技能和素质。

另外，国有企业需要注重沟通和合作，加强企业内部的信息共享和沟通。这样，国有企业可以更好地了解员工的需求和问题，并为员工提供更好的服务。此外，加强内部合作和沟通，可以有效地提高员工的工作效率和协作能力，从而增强企业的竞争力。

在此过程中，国有企业需要加强企业文化建设，为员工提供更好的工作氛围和环境。这样，国有企业可以提高员工的归属感和认同感，并激发员工的工作热情和创新精神。企业需要通过确定企业价值观、提倡员工自我实现、加强员工间的交流等多种方式不断推动企业文化的建设。

国有企业需要建立灵活的人力资源管理机制。这需要企业从体制、思维和机制等多个方面着手，制定相应的政策和措施，从而逐步增强人力资源管理机制的灵活性和适应性。只有这样，国有企业才能不断壮大自己的实力，在市场经济中占据更有利的位置，实现可持续发展。

二、国有企业应该推进人才培养体系改革

国有企业作为国家经济的重要组成部分，在市场经济环境中不断寻求发展，不断调整企业战略，提高经营效率和核心竞争力已经成为企业的当务之急。在这个过程中，人才的培养和发展是至关重要的。因此，国有企业应该推进人才培养体系改革。

国有企业需要根据企业发展的需要，制定合理的人才培养计划，以满足企业发展对人才的需求。在计划的制定中，应该注重人才的多元化和多样性，从而满足企业在不同领域和岗位的需求。例如，国有企业可

以开展多种形式的培训，如技术培训、管理培训、职业素质培训等，以满足企业在不同领域和层面的发展需要。

国有企业需要完善人才培养体系，注重内部培训和外部培训相结合。在内部培训方面，国有企业可以建立内部导师制度，让经验丰富的老员工担任新员工的导师，向他们传授经验和技能。同时，可以通过内部培训课程和经验分享会等方式，提高员工的专业技能和工作素质。在外部培训方面，国有企业应该鼓励员工参加相关的职业培训、学习课程等，不断提高自己的专业水平。

国有企业需要加强员工的职业发展和晋升机会。在企业内部，可以通过晋升、岗位轮换、薪酬等方式，鼓励员工的职业发展。这样可以提高员工的动力和工作热情，同时也可以留住优秀的人才。此外，国有企业还可以与其他企业、高校等机构合作，为员工提供更多的发展机会。

国有企业需要注重员工的自我发展和学习能力。在现代经济环境中，企业需要不断地适应变化和发展，员工也需要不断学习和提高自己的专业技能和素质。因此，国有企业应该鼓励员工积极参与学习和自我发展，提高员工的自我学习和发展能力。

三、国有企业需要加强员工参与和沟通

随着市场经济的发展，国有企业在面对市场竞争时，需要更好地利用员工的智慧和力量，增强企业的核心竞争力。因此，加强员工参与和沟通已经成为国有企业在现代企业管理中的重要策略之一。国有企业需要建立完善的员工参与机制。这可以通过设立员工代表大会、建立员工意见征询系统、建立员工参与决策机制等方式来实现。通过这些机制，员工可以更加深入地了解企业的发展情况和决策，对企业的发展提出建设性的意见和建议，这样能够增强员工的责任感和集体荣誉感。国有企业通过组织员工沟通会议、开展内部、外部交流等方式及时回应员工的关注和问题，并通过交流和沟通，增进员工之间的了解和互相信任，也

有利于营造良好的企业文化和工作氛围的建设。

在此过程中，国有企业需要注重信息透明度和公开性。这可以通过公开企业信息、建立企业门户网站、开展员工问卷调查等方式来实现。这样可以让员工更加清晰地了解企业的发展和决策，同时也可以提高员工的信任和归属感。

四、国有企业需要建立具有竞争力的薪酬体系

国有企业需要建立具有竞争力的薪酬体系，以吸引和留住优秀的人才，提高企业的核心竞争力。建立具有竞争力的薪酬体系可以促进员工的工作积极性和创造性，提高员工的工作效率和质量，推动企业不断发展。

国有企业需要确立薪酬管理的目标和策略，建立具有竞争力的薪酬体系需要根据企业的战略目标和员工的岗位要求，制定相应的薪酬管理策略。企业需要注重人才引进和培养，逐步提高员工的薪酬水平和激励措施，如绩效工资、年终奖金、福利待遇等，以激发员工的工作热情。

另外，企业需要了解市场对各种职位的薪酬标准和趋势，结合企业实际情况，不断调整和优化薪酬体系，并制定符合市场需求和企业情况的薪酬标准和方案，以适应人才市场的变化和竞争。在此过程中，国有企业需要注重公平和公正，建立科学的绩效评估体系和科学的绩效评估指标和评估方法，明确员工的职责和绩效目标，确保评估的公平性和客观性。

第二节　模拟民营企业市场管理

国有企业若要仿效民营企业的管理模式，就必须学习民营企业在管理能力、组织结构、实践经验、制度框架、策略方法以及手段等方面的优势。简言之，彻底改革国有企业的管理架构，使其成为技术创新的有

力驱动器、稳定器和调节器，同时融入国家创新体系的关键环节。

一、模拟民营企业的管理能力

在市场经济竞争激烈的环境中，国有企业要想保持竞争力，就必须不断学习和借鉴民营企业的管理经验。民营企业管理能力的核心在于高效、灵活和创新。要模拟民营企业的管理能力，国有企业需要从以下几个方面着手。

（一）提高决策效率

国有企业要模拟民营企业提高决策效率，首先需要理解决策效率的重要性。在激烈的市场竞争环境中，决策效率往往决定了企业的竞争优势，因此国有企业必须努力提高决策效率。在此过程中，国有企业需要从组织结构、决策流程、信息传递和员工激励等方面进行改进。在组织结构方面，国有企业应减少决策层级，简化管理结构，将权力下放至基层，使管理更加灵活高效。在决策流程方面，国有企业应简化审批流程，消除不必要的繁文缛节，减少决策过程中的时间浪费，提高决策的响应速度。此外，国有企业还应鼓励员工积极参与决策过程，以充分发挥他们的创新能力和专业知识。在信息传递方面，国有企业需要建立健全的信息反馈机制，确保信息准确、及时传递，便于企业根据市场变化做出快速调整。信息化手段的广泛应用将有助于提高信息传递的效率。在员工激励方面，国有企业应建立有效的激励机制，让员工在工作中看到成长和发展的机会，激发其积极参与决策、为企业发展贡献智慧的热情。

国有企业还应加强员工的培训和教育，提高员工的综合素质，使他们能更好地参与决策过程。通过以上措施，国有企业可以在很大程度上提高决策效率，更好地模拟民营企业的管理能力。这将有助于国有企业在市场竞争中获得更大的优势，为企业的可持续发展奠定坚实基础。在此过程中，国有企业的领导层需要发挥关键作用，积极推动各项改革措施的落实，以确保决策效率的持续提升。

国有企业要关注外部市场动态和客户需求，定期收集和分析市场信息，以便在决策时充分考虑市场环境和客户需求，做出更符合市场需求的决策。在决策实施过程中，国有企业需要建立明确的目标和计划，确保各部门、各岗位的工作目标一致。另外，要设置有效的监控和考核机制，以确保决策的顺利执行。只有在实施过程中对决策进行严格监控和评估，才能确保决策的有效性和执行力。在不断提高决策效率的过程中，国有企业还需关注企业文化的建设，树立以创新、高效和务实为核心的企业价值观，营造鼓励员工积极参与决策、追求卓越的企业氛围。这将有助于激发员工的潜能，提高企业整体的决策能力和竞争力。同时借鉴民营企业在企业治理方面的经验，优化企业治理结构，提高决策透明度，加强对决策过程的监督和管理。这有助于提高企业的决策质量，降低决策风险。

总之，国有企业模拟民营企业提高决策效率是一项长期且富有挑战性的任务，需要企业全体员工共同努力，不断学习民营企业的成功经验，不断提高自身的管理能力和竞争力。只有这样，国有企业才能在日益激烈的市场竞争中立足，实现可持续发展。同时，国有企业还需要关注内部沟通和协作，提高员工之间的互动和交流，以便在决策过程中集思广益，发挥团队的协同效应。

（二）优化流程管理

国有企业模拟民营企业优化流程管理，关键在于理清组织内部各个环节之间的关系，减少无效环节，提高工作效率。首先，国有企业需要对现有的流程进行全面梳理，确保对组织内部的各个环节和部门的工作流程有清晰的了解。这包括识别关键流程，评估流程的效率和效果，找出流程中可能存在的瓶颈、重复、无效等问题。接下来，国有企业应借鉴民营企业的流程管理经验，对现有流程进行优化和调整。这包括简化复杂的流程，提高流程透明度，使得各部门能够更加清晰地了解自己的职责和任务，同时减少不必要的审批环节，缩短流程执行时间。与此同时，流程的标准化和规范化要引起关注，建立统一的流程标准和规范，以确保各个环节的顺畅衔接。

在优化流程管理的过程中，国有企业要注重信息化手段的运用。这意味着企业应加强信息技术在流程管理中的应用，通过引入先进的信息管理系统，如企业资源规划（ERP）系统、客户关系管理（CRM）系统等，实现流程的自动化、数字化，关注数据分析在流程管理中的价值，通过对大量业务数据的挖掘和分析，发现流程中的潜在问题，为流程优化提供数据支持，从而提高流程执行效率。

（三）强化客户导向

国有企业在中国经济发展中具有重要地位，然而在市场竞争日益激烈的环境下，国有企业相对于民营企业在客户导向、市场敏锐度等方面存在一定的差距。因此，国有企业模拟民营企业强化客户导向显得尤为重要。国有企业应该从以下几个方面着手改进。

1. 国有企业要加强市场研究，了解客户需求

这需要企业投入更多的人力、物力和财力，开展深入的市场调查，了解不同客户群体的需求，从而为产品研发和服务提供准确的市场信息。定期对市场进行跟踪调查，以便及时掌握市场变化，调整经营策略。

2. 国有企业要提高产品和服务质量

在当前竞争激烈的市场环境下，提供优质的产品和服务是吸引和留住客户的关键。国有企业应该加强对产品质量和服务质量的管理，确保产品和服务能够满足甚至超越客户的期望。在提升产品和服务质量的过程中，企业还要充分利用现代信息技术，加强对客户的沟通和互动，以便及时收集客户的意见和建议，持续改进产品和服务。

3. 国有企业要加强客户关系管理

客户关系管理不仅仅是提供优质的产品和服务，还包括了解客户需求、满足客户期望、提高客户满意度等方面。为了加强客户关系管理，国有企业应该建立客户信息数据库，实施分类管理，针对不同客户群体制定个性化的服务策略。

4. 国有企业需要加大创新力度，为客户提供更有竞争力的产品和服务

这意味着企业要不断投入研发资源，开发具有市场前景的新产品、新技术和新服务，以满足客户不断变化的需求。在创新过程中，企业要充分发挥员工的创新精神和创造力，激发员工的积极性和主动性，打造一个以客户为中心的企业。

（四）提升执行力

执行力是民营企业在市场竞争中脱颖而出的关键因素之一。国有企业要模拟民营企业的管理能力，需要在提高执行力方面下功夫。制定明确的执行计划和目标，确保每个部门、每个员工都能明确自己的工作职责和要求。同时，建立有效的执行监控和考核机制，确保计划和目标的顺利实现。

二、模拟民营企业的经营战略

尽管在改革开放以来，中国政府一直在推进国有企业改革，但是国有企业的经营模式、管理方式和企业文化等方面与民营企业还存在着很大的差异。在这种情况下，如何模拟民营企业的经营战略，提高国有企业的竞争力，成了一个重要的话题。

（一）创新和灵活性

在当今市场竞争日益激烈的环境下，企业的创新能力和灵活性已成为企业获得成功的关键要素之一。与传统的国有企业相比，民营企业更具备创新和灵活性，这些特点成为民营企业获得竞争优势的重要因素。

1. 民营企业的创新能力远远超过国有企业

民营企业一般拥有更加灵活的组织架构、更短的决策周期和更少的决策层级，这种组织结构可以有效地提升企业的创新能力。民营企业往往能够快速地做出决策，敢于尝试新的商业模式和业务领域，这些都是国有企业所不能企及的。民营企业更容易吸收新的商业理念和技术，积极主动地改进产品和服务，抢占市场先机。

2. 民营企业的灵活性也是获得成功的关键要素

民营企业的灵活性表现在多个方面，如组织灵活、流程灵活、管理灵活等。与国有企业相比，民营企业的组织结构更加灵活，企业家往往具有较大的自主权和决策权，能够快速地做出决策。在流程方面，民营企业更加灵活，可以快速地进行流程调整，以适应市场需求。在管理方面，民营企业采用的是比较轻型化的管理模式，这种模式能够最大限度地调动员工的积极性和创造力，提高企业的运作效率。

3. 民营企业还拥有一种更加积极的创业精神，这种精神可以让企业在市场竞争中获得先机

民营企业家经常会运用他们的专业知识和商业技能来尝试新的商业领域，从而带领企业开辟新的市场和业务。这种创业精神可以让企业家更加积极地寻找新的机遇和挑战，从而推动企业不断向前发展。

4. 民营企业的灵活性和创新能力不仅仅是企业自身的特点，也是受到政策环境的影响

在中国政府鼓励创业创新的大背景下，民营企业得以更加自由地发挥创新能力和灵活性，从而获得更好的市场竞争优势。政府的政策支持可以为企业提供更加宽松的市场环境和政策支持，鼓励企业大胆尝试，不断创新。

（二）提高效率

民营企业通常会更注重效率。在民营企业中，企业家通常会通过优化流程、提高管理效率来降低成本、提高效益。相比之下，国有企业的管理效率较低，存在很多浪费和冗余。

为了提高国有企业的效率，可以采取以下措施。

1.优化流程和流程管理

可以通过流程重组、流程精细化管理等措施，优化企业的管理流程和业务流程，减少冗余和浪费，提高效率。

2.提高管理效率

可以通过建立绩效评估体系、优化人员配备等措施，提高管理效率，减少资源的浪费和管理的成本。

3.强化质量管理

在生产过程中，可以通过建立完善的质量管理体系，提高产品的质量和生产效率，降低不合格品率，提高产品竞争力。

（三）强化客户服务

客户服务是企业的重要组成部分，也是企业竞争力的重要体现。民营企业通常会更注重客户服务，通过优质的客户服务吸引更多的客户和留住老客户。

为了提高国有企业的客户服务，可以采取以下措施。

1.客户服务意识

要加强国有企业的客户服务意识，一方面要形成全员参与、共同重视客户服务的氛围。国有企业可以通过开展相关培训、会议等活动，让员工了解客户服务的重要性和工作流程，从而提高员工对客户服务的重视程度。另一方面，国有企业可以通过各种形式的宣传推广，让公众了解企业的客户服务理念和实际效果。例如，在公司官网上展示客户服务的热线电话、在线客服等信息，以便客户在需要的时候能够快速地联系到企业，并获得及时的帮助和支持。

2. 建立科学有效的客户服务体系

建立科学有效的客户服务体系，是加强国有企业客户服务意识的关键。企业可以通过制定客户服务标准、建立客户服务中心等措施，完善客户服务体系，提高客户服务的质量和效率。具体而言，国有企业可以采取制定客户服务标准。企业可以制定客户服务标准，明确客户服务的流程、要求和标准，从而提高服务质量和效率。建立客户服务中心。可以建立客户服务中心，提供客户热线电话、在线客服等服务，从而方便客户随时随地与企业联系，获得及时的帮助和支持。提供多样化的服务方式。企业可以提供多样化的服务方式，例如，电话咨询、网络咨询、短信咨询等，以便客户选择最适合自己的服务方式。

3. 建立完善的客户投诉处理机制

客户投诉是客户服务的重要组成部分，国有企业需要建立完善的客户投诉处理机制，及时解决客户的问题和抱怨，以提高客户满意度和忠诚度。具体而言，国有企业可以采取建立客户投诉热线。企业可以建立客户投诉热线，让客户在遇到问题时能够快速地联系到企业，从而得到及时的解决方案。成立客户投诉处理小组。企业可以成立客户投诉处理小组，专门负责处理客户投诉，并且制定相应的处理流程和标准，从而确保客户投诉得到及时和妥善的处理。关注客户反馈。企业应该关注客户反馈，收集客户投诉和建议，及时解决问题和改进服务。

4. 建立激励机制，提高员工积极性

建立激励机制并给予奖励和表扬，可以激发员工的工作积极性和主动性，进而提高客户服务质量。另外要加强售后服务。售后服务是客户服务的重要组成部分，国有企业可以通过加强售后服务，建立客户反馈渠道，及时收集客户的反馈和建议，为企业的改进提供有力的支持。

（四）拓展多元化业务

民营企业通常会尝试拓展多元化业务，以降低经营风险。国有企业可以考虑在自身的主营业务外，寻找新的业务领域，以增加收入来源和分散风险。

为了提高企业的市场竞争力和盈利能力，国有企业需要拓展多元化业务，下面将从拓展业务领域、探索新的业务模式、加强内部管理和组织协调等方面探讨国有企业如何拓展多元化业务。

1. 拓展业务领域

为了实现多元化经营，国有企业需要拓展业务领域。企业可以通过调研市场需求、了解客户需求、掌握市场趋势等措施，寻找适合自己的业务领域。例如，电力企业可以拓展清洁能源领域，水务企业可以拓展环境治理领域，物流企业可以拓展电商物流领域等。

2. 探索新的业务模式

为了拓展多元化业务，国有企业需要探索新的业务模式。企业可以通过创新产品和服务、提高技术含量、加强品牌营销等手段，打造具有竞争力的新业务模式。例如，汽车企业可以开发新能源汽车和智能汽车，物流企业可以推出物流配送服务，银行企业可以推出移动支付等。

3. 加强内部管理和组织协调

为了拓展多元化业务，国有企业需要加强内部管理和组织协调。企业可以通过建立科学的管理制度、完善内部管理流程、提高员工的专业能力等措施，提高企业的管理水平和组织协调能力。例如，建立专业的项目管理团队，提高企业的决策效率和项目管理水平；加强人才培养和引进，提高员工的专业能力和素质水平；建立健全的绩效考核机制，激励员工的工作积极性和主动性等。

4. 加强与外部合作

为了拓展多元化业务，国有企业需要加强与外部合作。企业可以通过与其他企业、科研机构、高等院校等建立合作关系，共同研发和推广新产品、新技术和新业务模式，提高企业的技术含量和市场竞争力。例如，国有企业可以与高等院校合作开展科技研究，研发具有核心竞争力的新技术；与其他企业合作推广新产品和服务，拓展新的市场领域；与政府部门合作推进公共服务项目，提高企业的社会责任感和公众形象等。通过加强与外部合作，国有企业可以借助外部资源和优势。

5. 重视创新和创意

为了拓展多元化业务，国有企业需要重视创新和创意。企业可以通过建立创新团队、激励员工的创新和创意、与外部创新机构合作等措施，推动企业的创新和创意，从而提高企业的市场竞争力和盈利能力。例如，建立创新团队，鼓励员工提出创新和创意，将优秀的创新和创意转化为实际的业务项目；激励员工的创新和创意，通过奖励机制等手段激发员工的创新和创意；与外部创新机构合作，开展联合研发和推广新产品和服务等。

第三节　模拟民营企业市场营销

在市场经济条件下，民营企业，尤其是民营高科技企业往往是哑铃型的，经营的重心不在生产而在产品开发与市场开拓。为适应市场经济的要求，国有企业除了印钞厂、军工厂等少数企业外，也要建设成哑铃型的，将经营的重心转移到市场营销与相关的产品开发上来。

一、重视市场调研

国有企业要重视市场调研，因为市场调研是了解市场需求、消费者行为和竞争态势的关键手段。通过市场调研，国有企业可以更好地了解自身的竞争优势和劣势，从而制定更为合理的市场战略。在市场调研过程中，国有企业应该注意以下几个方面：

（1）国有企业需要了解消费者的需求。通过对消费者的调查和访谈，国有企业可以了解消费者对产品和服务的需求，从而提供更能满足其需求的产品。

（2）国有企业需要分析竞争对手的战略和动态。了解竞争对手的产品、价格、渠道和促销策略，有助于国有企业在竞争中找准自己的定位。

（3）国有企业需要关注行业趋势和政策变化。通过对行业趋势的分析，国有企业可以把握市场的发展方向，提前布局。另外，企业还要关注政策变化，这样有助于国有企业及时调整经营策略，避免风险。

（4）国有企业需要利用大数据和互联网技术，实现对市场的精准分析。通过对大量数据的挖掘和分析，国有企业可以更为精确地了解市场的需求和趋势。这对于国有企业制定市场战略具有重要的指导意义。

（5）国有企业可以通过市场调研了解自身的品牌形象和美誉度。通过对消费者的调查和分析，国有企业可以了解自身品牌在市场上的地位以及消费者对品牌的认知和评价。这有助于国有企业在品牌建设和市场营销中采取更为合理的策略。

二、选准目标市场

（一）进行市场细分

市场细分是指根据需求、特征和行为将市场划分为若干消费者群体的市场分类过程。国有企业可以从地域、人口统计、心理特征、生活方式等多个维度进行市场细分。通过市场细分，国有企业可以更好地了解不同消费者群体的需求和喜好，从而提供更符合消费者需求的产品和服务。在进行市场细分的基础上，国有企业需要评估各个细分市场的潜力和吸引力。这包括分析市场的规模、增长速度、竞争程度、利润水平等指标。在评估的过程中，国有企业还需要考虑自身的核心竞争力和资源禀赋，以确保所选择的目标市场与企业的发展战略相匹配。

（二）对目标市场进行调研和分析

这包括了解目标市场的消费者行为、购买习惯、文化特点等方面的信息。同时，还需要关注竞争对手的动态和战略，以便在市场竞争中找到突破口。为了更好地了解目标市场，国有企业可以运用定性和定量相结合的方法进行市场调研，如开展消费者访谈、发放问卷调查等。

（三）制定相应的市场营销策略

市场营销策略包括产品策略、价格策略、渠道策略和促销策略。在制定市场营销策略时，国有企业应充分考虑目标市场的特点和消费者需求，以确保策略的有效性。例如，在产品策略方面，企业可以根据目标市场消费者的喜好和需求进行产品创新，实现产品差异化；在价格策略方面，企业可以结合市场竞争状况和消费者的购买能力来制定合适的价格；在渠道策略方面，企业可以根据目标市场的消费者分布和购物习惯来优化渠道布局；在促销策略方面，企业可以结合目标市场的特点来设计吸引消费者的促销活动。

（四）持续关注目标市场的变化

这包括消费者需求的变化、竞争对手的战略调整、市场环境的变化等。通过对市场变化的持续跟踪和分析，国有企业可以及时调整市场营销策略，保持市场优势。国有企业在开展市场营销时，要重视内部协同和团队建设，这意味着企业需要打破部门壁垒，加强跨部门的沟通和协作。通过内部协同，国有企业可以更好地整合资源，提高市场营销的效果。

三、做好产品决策

国有企业要在激烈的市场竞争中取得胜利，必须像民营企业那样，提高产品整体形象，做好产品组合决策、品牌决策、包装决策，运用产品生命周期理论，及时开发新产品。

（一）提升产品整体形象

国有企业要关注产品的品质。产品品质提升是企业形象提升的基础，只有高品质的产品才能赢得消费者的信任。国有企业需要在产品研发、生产、质量控制等环节严格把关，确保产品的品质优良。

1.国有企业要提升产品的设计水平

好的设计不仅能够提升产品的美观度，还能体现企业的创新精神。国有企业可以引进优秀的设计师，进行产品外观、图案等方面的设计创新。企业还可以参加各类设计大赛和展览，以提高设计水平和产品形象。此外，国有企业要加强品牌传播。品牌传播是塑造产品形象的重要手段。企业可以通过广告、公关、社交媒体等多种形式，讲述品牌故事，展示产品优势，提升品牌知名度和美誉度。在品牌传播过程中，国有企业需要关注消费者的心理和情感需求，以提高传播的有效性。

2.国有企业需建立完善的售后服务体系。

优质的售后服务能够提升产品形象。企业需要建立完善的售后服务体系，提供及时、专业、贴心的售后服务。此外，企业还可以通过用户调查和评价，不断提升售后服务水平。

3.国有企业要重视消费者口碑

口碑是产品形象的重要影响因素，好的口碑能够提高消费者对产品的信任度。企业可以通过线上线下的活动，鼓励消费者分享使用体验，传播正面口碑。此外，企业还需要关注消费者的负面评价和投诉，及时解决问题，改进产品和服务。

（二）做出正确的产品组合决策

国有企业需要进行市场调研，了解消费者需求和市场趋势。市场调研可以帮助企业发现消费者的潜在需求，为企业做出正确的产品组合决策提供有力支持。企业可以通过问卷调查、消费者访谈、数据分析等方法收集市场信息，以便更好地把握市场趋势。国有企业要关注产品的差异化和定位。差异化可以帮助企业在竞争激烈的市场中脱颖而出。企业需要根据消费者需求和市场定位，设计具有独特价值和竞争优势的产品。同时，企业还应考虑产品的价格、品质、功能等多个维度，以满足不同消费者群体的需求。此外，国有企业要关注产品生命周期管理。产品生命周期包括引入期、成长期、成熟期和衰退期。企业需要在不同阶段采取相应的市场策略，以确保产品组合的持续竞争力。例如，在产品成熟期，企业可以通过降低成本和优化渠道策略来维持市场份额；在产品衰退期，企业则需要调整产品组合，淘汰落后产品，引入新产品。

国有企业还应注重产品组合的平衡，平衡意味着企业需要在高风险、高回报的创新产品和回报稳定的成熟产品之间找到平衡点。平衡的产品组合有助于降低市场风险，保持企业的盈利能力。为了实现产品组合的平衡，企业需要定期进行产品组合评估，调整产品线，以适应市场变化。此外，国有企业需要加强产品组合的监控和评估。监控和评估可以帮助企业及时发现问题，优化产品组合决策。企业需要建立一套有效的产品组合评价体系，包括市场份额、销售收入、利润率等关键指标。通过对这些指标的定期跟踪和分析，企业可以及时发现产品组合的问题和不足，从而调整和优化产品策略。

国有企业在做出产品组合决策的过程中，要充分发挥团队协作的作用，研发部门、市场部门、销售部门等多个部门要紧密合作。通过加强部门间的沟通与协作，企业可以更好地整合内部资源，确保产品组合策略的顺利实施。同时，国有企业还需要关注外部环境的变化，包括政策法规、竞争态势、技术发展等的变化。这些外部因素可能会对产品组合产生重要影响。因此，企业需要保持敏锐的市场洞察力，及时捕捉市场信息，调整产品组合决策。

此外，国有企业还要注意产品组合决策应与企业的整体发展战略一致，以确保企业在实现短期业绩目标的同时，不忽视长期发展的需求。

（三）不可忽视包装决策

第一，国有企业要重视产品包装设计。好的设计能提升产品的美观度，体现企业的创新精神和品牌理念。企业可以引进优秀的设计师进行设计创新，同时还可以参加各类设计大赛和展览，以提高设计水平和产品形象。第二，国有企业要注重包装的功能性。包装的主要功能是保护产品，确保产品在运输、储存和销售过程中不被损坏。企业需要根据产品的特点和消费者的需求，选择合适的包装材料和包装方式。企业还可以通过采用环保材料、降低包装成本等措施，提升包装的功能性和可持续性。第三，国有企业要关注包装的宣传作用。包装是消费者直接接触的部分，具有很强的宣传作用。企业可以在包装上加入有关产品的信息、企业标识、宣传语等元素，以提升品牌知名度和美誉度。在此过程中，企业需要关注消费者的心理和情感需求，以提高包装宣传的有效性。第四，国有企业还需要关注包装的法律法规要求。包装决策需要遵循相关的法律法规，如《中华人民共和国食品包装法》《中华人民共和国环境保护法》等。企业在制定包装决策时，应充分了解和遵循这些法律法规，以确保包装的合规性。第五，国有企业在制定包装决策时，要注意与其他市场营销策略的协同。包装决策需要与产品策略、定价策略、促销策略等其他市场营销策略相协调，以实现整体市场目标。企业需要在制定包装决策时，充分考虑这些市场营销策略之间的关系，以使整体效果达到最好。

（四）把握产品生命周期

国有企业在市场竞争中，把握产品生命周期至关重要。产品生命周期包括引入期、成长期、成熟期和衰退期，每个阶段都有其特点和策略。通过把握产品生命周期，国有企业可以更好地满足市场需求，调整策略，提升竞争力。

在引入期，国有企业需要关注产品的市场推广和品牌宣传。此阶段产品刚刚进入市场，消费者对产品的认知度较低。企业应采取积极的市场推广策略，如广告、公关活动等，提高产品的知名度和美誉度。同时，企业还需要关注产品的品质和售后服务，确保消费者对企业产品和服务感到满意度。

在成长期，国有企业要关注市场份额的扩大。此阶段产品销售额增长迅速，企业需要加大生产和销售力度，争取更多的市场份额。企业可以通过渠道优化策略、提高生产效率、降低成本等手段，提升产品的竞争力。同时，企业还要密切关注市场动态，及时调整策略，以应对潜在竞争。

在成熟期，国有企业需要关注利润的最大化。此阶段市场竞争激烈，产品的增长速度放缓。企业应通过降低成本、提高生产效率、开发新市场等策略，努力提升利润。此外，企业还可以通过差异化和细分市场策略，寻找新的增长点。

在衰退期，国有企业要关注产品的淘汰和创新。此阶段产品销量下滑，市场需求减弱。企业需要及时调整产品组合，淘汰落后产品，引入新产品。在此过程中，企业要关注技术创新和市场变化，不断开发具有竞争力的新产品。

四、合理制定产品价格

在市场竞争中，产品定价是影响国有企业销售业绩和市场份额的重要因素。合理的定价策略不仅能帮助企业实现利润最大化，还能提高产品的竞争力。因此，国有企业在定价时，需要从以下几个方面进行考虑。

一是国有企业需要关注成本和利润。产品定价应确保覆盖生产成本、运营成本和其他相关费用，并留有合理的利润空间。企业应对成本进行严格控制，提高生产效率，以降低成本并提高利润。在此基础上，还要考虑市场竞争状况、消费者需求等因素，制定合理的定价策略。二是国有企业要关注市场需求。在制定产品价格时，企业需要了解消费者的需求和购买意愿，确保产品价格符合市场预期。企业可以通过市场调查、消费者行为分析等手段，获取消费者的需求信息，从而为产品定价提供依据。三是国有企业要关注竞争对手的定价策略。在高度竞争的市场环境中，企业可以通过市场调查、竞争对手分析等方法，了解竞争对手的定价水平和策略。四是国有企业需要关注产品的价值定位。产品价值定位是影响消费者购买决策的重要因素。企业应根据产品的特点和市场定位，确定产品的价值。对于高端产品，企业可以采取高价策略，以体现产品的品质和地位；对于中低端产品，企业可以采取低价策略，以吸引更多消费者。

五、采取合理的促销策略

（一）制定目标明确的促销计划

国有企业在开展促销活动前，需要明确促销目标，如提高产品销量、扩大市场份额、提升品牌知名度等。明确目标有助于企业制定更有针对性的促销策略，并为评估促销活动的效果提供依据。

（二）选择合适的促销手段

国有企业可以根据产品特点、目标市场和消费者需求，选择不同的促销手段。常见的促销手段包括价格促销（如折扣、满减等）、赠品促销、组合促销、试用促销等。企业应灵活运用各种促销手段，以吸引不同类型的消费者。

（三）注重促销活动开展的时机和频率

国有企业应关注市场动态和消费者购买行为，选择合适的时间开展促销活动，如节假日、季节性需求高峰等特定时期，消费者购买意愿较高，企业可以利用这些时机开展促销活动。此外，企业还要注意控制促销活动的频率，以免过度促销导致品牌形象受损或利润下滑。

（四）重视促销活动的宣传和推广

为了让更多消费者了解并参与促销活动，国有企业需要加大宣传力度。企业可以利用广告、公关、社交媒体等，向目标市场传播促销信息。同时，企业还可以与销售渠道合作，如线下门店、电商平台等，共同推广促销活动。

（五）对促销活动进行评估和优化

国有企业应定期对促销活动的效果进行评估，分析活动的优点和不足。通过收集和分析销售数据、消费者反馈等信息，企业可以找到促销策略的改进方向，从而不断优化促销活动，提高其效果。

六、在国际市场营销中提高竞争力

中国加入世贸组织，使国有企业既面临难得的机遇，又面临极其严峻的挑战。国有企业得像民营企业那样，提高竞争力，熟悉国际市场营销环境，掌握国际目标市场选择方法、国际市场进入方式与国际市场营销策略等，抓住机遇，迎接挑战。

国际市场营销参与者多，情况复杂，风险大，国有企业必须谨慎行事，更加科学冷静地做出决策。为此，国有企业需做到以下几点。

（一）选准国际目标市场

国有企业在开展国际市场营销时，选准目标市场至关重要。这有助于企业更精确地制定市场策略、调整产品和服务，以满足目标市场的需求。国有企业为选准国际目标市场需要关注以下几个方面。

1. 市场规模和潜力

国有企业需要研究和比较不同国家和地区的市场规模、消费水平、经济增长率等指标，以评估市场的潜力。选择具有较大市场规模和潜力的目标市场，有助于企业实现规模经济，提高产品销售额。

2. 市场竞争状况

了解目标市场的竞争状况对企业制定有针对性的市场策略至关重要。国有企业需要关注目标市场的竞争对手、市场份额、竞争策略等，以便评估市场的竞争程度，找到市场空白或优势领域。

3. 行业发展趋势

国有企业在选定目标市场时，需要关注行业发展趋势。了解目标市场的行业需求、技术发展、政策变化等因素，有助于企业把握市场机遇，及时调整产品和市场策略。

4. 目标客户特征

了解目标市场的消费者特征有助于企业更精确地定位目标客户群体。国有企业需要研究目标消费者的年龄、性别、收入、职业等特征，以及消费者需求、购买行为等信息，从而满足目标客户的需求。

5. 社会文化因素

不同国家和地区的社会文化因素会对消费者需求和购买行为产生影响。国有企业在选择国际目标市场时，需要关注目标市场消费群体的文化习惯、价值观、消费观念等因素，以便更好地满足消费者需求，提高产品吸引力。

6. 法律法规环境

国有企业在进入国际市场时，需要关注目标市场的法律法规环境。了解目标市场的政治稳定性、政府政策、进出口法规等因素，有助于企业确保营销活动的合规性和顺利进行。

7. 贸易壁垒和市场准入

国有企业在选择国际目标市场时，还需关注贸易壁垒和市场准入条件。不同国家和地区可能存在关税、配额、标准和技术壁垒等限制措施。了解这些贸易壁垒和准入条件有助于企业评估市场进入的难易程度，制定合适的市场策略。

8. 配套产业链

在选择目标市场时，国有企业需要关注目标市场的产业链情况。了解目标市场的上游供应商、下游客户、同行业竞争对手等情况，有助于企业更好地整合资源，降低成本，提高效率。

9. 市场渠道和营销资源

国有企业在进入国际市场时，需要关注目标市场的营销渠道和资源。了解目标市场的不同营销渠道的特点和优势，有助于企业选择合适的渠道，提高产品销售效果。

10. 目标市场的风险评估

国有企业在选择国际目标市场时，需要对市场风险进行评估。了解目标市场的政治风险、经济风险、汇率风险等因素，有助于企业降低市场风险。

（二）掌握进入国际市场的方式

以下是几种主要的进入国际市场的方式：

1. 出口贸易

出口贸易是企业将产品直接销售给海外客户的方式。这种方式对企业的投资和风险相对较低，是很多国有企业进入国际市场的首选方式。企业可以通过自主出口、委托出口、进出口代理等多种方式开展出口业务。

2. 许可生产和技术转让

企业可以通过许可生产或技术转让，实现产品在国际市场的生产和销售。这种方式有助于降低企业的投资成本，同时扩大产品市场份额。

3. 合资企业和合作生产

企业可以与海外合作伙伴共同投资设立合资企业，或在海外合作伙伴的生产基地进行合作生产。这种方式有助于企业更好地整合国际市场资源，提高生产效率，降低生产成本。

4. 独资企业

企业可以在海外设立独资企业，进行产品生产和销售。独资企业可以充分利用海外市场的优势资源，提高生产效率，降低成本。同时，独资企业的管理和决策更加灵活，有利于企业在海外市场的发展。

5. 代理和分销

企业可以与海外代理商或分销商合作，将产品销售给国际市场的终端客户。代理和分销方式有利于企业扩大销售网络，降低营销成本。

6. 跨国采购和供应链整合

企业可以通过跨国采购和供应链整合，在全球范围内进行资源配置。这种方式有助于降低企业的生产成本，提高产品竞争力。

7. 国际市场拓展和营销策略

企业需要制定合适的市场拓展和营销策略，如品牌策略、价格策略、渠道策略、促销策略等，以适应国际市场的竞争环境。

8. 电子商务和跨境电商

企业可以通过电子商务平台和跨境电商平台，直接将产品销售给海外客户。这种方式具有成本低、效率高、覆盖范围广等优点，适合国有企业在国际市场快速扩张。

9. 并购与兼并

企业可以通过并购或兼并海外企业，快速获得市场份额、管理经验、技术资源等。这种方式有助于企业加快国际市场的布局，提高市场竞争力。然而，这种方式有较高的投资风险，企业需要进行充分的评估，谨慎决策。

10. 国际展会和推广活动

企业可以参加国际展会、贸易洽谈会等活动，展示产品和技术，与潜在客户和合作伙伴建立联系。此外，企业还可以通过举办产品推介会、技术研讨会等活动，提高产品在国际市场上的知名度和美誉度。

（四）运用好国际市场营销策略

1. 树立“全球意识”，开展国际市场营销

中国加入世贸组织后，在履行世贸组织成员义务的同时，也将享有多边的、无条件的和稳定的最惠国待遇与国民待遇等权利，这为中国企业实施国际营销战略提供了良好的条件。抓住机遇，适时开展国际市场营销，是提高企业国际竞争力的一种明智抉择。面对国际市场营销环境发生的新变化，中国许多从事国际市场营销的企业已开始从消极、被动地适应转向积极、主动地适应，并开始自觉走向世界市场。如，中国的华为公司在很短的时间内发展成电信基础设施的最大供货商，领先于阿尔卡特和西门子。联想是中国最重要的计算机生产公司，它在中国所占的市场份额达到了 26%，比 IBM 和惠普公司所占的市场份额的总和高出一倍。海尔已经发展成为一家在世界上居领先地位的白色家电生产公司，它在 13 个国家建有生产厂，在 160 个国家销售其产品，营业额达到 100 亿马克左右。长虹已成为世界上最大的电视机生产厂家，年产 1 200 万台电视机。

2. 制定国际市场营销的公关战略

中国加入 WTO 之后，带来的是新的市场游戏规则，新的理念、知识、技术、资金、人才和全球的庞大市场。由于加入 WTO 后国际市场壁垒减少，中国企业有更多的机会在全球消费市场中展示实力和发展自己的事业，实现跨国经营。目前，国际市场营销战略公关理念与实践创新作为现代营销管理与竞争取胜的重要保证，已引起人们广泛关注。近年来中外知名企业提出并实践企业与品牌的公关战略，在战略经营与营销管理上创新。研究其成功经验，对于中国的企业开展国际市场营销是很重要的。

（1）品牌公关。品牌公关是指企业在市场竞争中所进行的品牌创造、品牌管理和品牌营销等一系列工作的总称。WTO 对不同的行业和企业所带来的机遇和挑战是不同的，面对国内市场国际化、国际市场国内化的竞争压力，国有企业必须研究和制定自己的竞争战略。而进行品牌公关是经济全球化的重要内容和企业参与国际竞争、增强竞争实力的正确选择。

（2）文化公关，即走出单纯营销产品的局限，占领市场营销的制高点。在国际营销市场上，对于多数经营者来说，企业公关就是力求把产品推销出去，往往单纯围绕产品营销而进行市场公关。而成功的企业则是从高处出击突破营销理念上的局限，运用文化公关战略，实现企业与品牌公关的高效益。

（3）公益公关，即确立回报社会的价值观，树立企业形象。企业是社会的一分子，做公益、回报社会，能树立良好的企业形象，实现企业与社会共同发展。近些年来，越来越多的企业发现了公益公关活动在国际市场营销中的特殊作用。出色的公益公关活动能使企业一举获得知名度和美誉度。

（4）政府公关，即善于寻找社会难点和热点问题并及时找出解决问题的办法。中国入世后，对于走向国际营销市场的企业来说，寻求政府的大力支持对企业发展至关重要，因而政府公关受到知名企业的广泛运用。

3. 开展卓有成效的品牌营销。

要想在与跨国公司的竞争中立于不败之地，保住国内市场进而走向国际市场，其根本出路在于形成企业独特的优势，而创品牌则是形成企业优势的重要环节。世界上许多后起的能够迅速崛起，缩小与发达国家的差距的国家和地区，无一不是通过不断提高管理水平，促进产品质量的提高，创建国内外知名品牌，来达到增强国家的国际竞争力的。可以说，国际营销市场竞争已经从产品竞争转变为品牌竞争。一个国家是否拥有国际驰名品牌，拥有多少国际驰名品牌，已成为评判该国经济实力和国际竞争力的依据。我国企业要在国际市场营销竞争中立于不败之地，必须适应品牌竞争时代的要求开展品牌营销，创出中国的世界名牌。

第六章　现代数字化市场营销创新模式分析

第一节　微电影营销模式

随着广大用户对广告的抵触心理逐渐增强，企业的硬广告营销变得更加艰难。那些直白、生硬的广告不仅不能达到企业想要的营销效果，甚至让广大的消费者对其品牌产生抵触情绪。在移动互联网微营销时代，硬广告营销正处于短板期，而微电影的出现，恰好迎合了用户的情感和心理需求，为企业带来了更多的营销机会。微电影广告通过全媒体传播平台，传播精炼、压缩的广告信息，最终传递品牌或企业理念。在这样一个大众对精神体验要求日益提高的社会，微电影营销顺应这个时代而产生，它整合了大众的碎片时间，让大家在闲暇之余获取高质量的信息，为传播业开启一个新的篇章。

一、微电影营销的概念

21 世纪，越来越快的生活节奏压迫着人们。在这样快节奏、高强度的工作和生活压力下，时间是最重要的成本。当人们想要以最短的时间获取更多信息时，微电影出现了，而微电影的出现恰好迎合了大众这种便捷迅速地需求。

2010 年，由《一触即发》引发的微电影狂潮，标志着中国的微电影元年的到来。2011 年，微电影继续蓬勃生长，开始被很多广告主用来开展自身的营销活动，“微电影营销”的概念应运而生。也就是说，微电影营销是商业和微电影联姻的必然结果。

微电影营销直到今天都没有明确统的定义。有学者把微电影营销定义为“广告主利用短小的电影制作模式，将特定广告主品牌文化、精神、产品等代表广告主形象的符号，融入具有完整故事情节的剧本，于无形中推广广告主品牌、渲染广告主文化，以期使消费者在观看视频的过程中既享有娱乐的快感，又达到推广目的的一种介于传统广告与商业电影之间的营销模式”。

简单通俗地说，微电影营销就是微电影广告营销，其本质是微电影的广告植入。值得注意的是，微电影式广告和广告式微电影还是有细微差别的。微电影式广告的侧重点是电影，即以电影的故事情节为主，植入的广告为辅。比如由赵奕欢主演的《女人公敌》，就是在讲述故事的同时，巧妙融入聚美优品广告的例子。广告式微电影则不同，它以广告内容为主，然后把一系列广告情节拼凑起来形成了故事完整的电影。比如益达《酸甜苦辣》，通片以益达口香糖为主要传播内容，只是因为制作者试图将其情节连贯起来，才形成了一个完整的故事，使一部广告片具有了电影的特性。实际上，过多强调区分微电影式广告和广告式微电影，正如过多地纠结微电影营销本身的定义一样，对于发展尚不成熟的市场来说并没有太大的意义。所以，通常情况下，我们可将微电影式广告和广告式微电影统一划入微电影营销的范畴，也不对微电影营销的概念做过多阐释。

二、微电影的特征

微电影是微时代衍生出来的电影形式，因短小精悍、让人记忆深刻的特点而风靡移动互联网，微电影主要具备以下特点。

（一）短小精干

微电影时长短，通常只有 5 ～ 30 分钟，能够在短时间内快速传递故事和信息。

（二）独立性强

微电影通常是由独立制作公司或者个人制作，创作者在制作过程中具有较大的自主性，因此微电影作品具有很强的独立性。

（三）制作成本低

相对于商业电影，微电影制作成本较低，常常采用数字化制作方式，因此能够更快地制作出作品，让观众更快地看到。

（四）以情感共鸣为主题

微电影以情感共鸣为主题，故事情节通常比较感人，能够引起观众的情感共鸣和共振，让观众产生共鸣。

（五）技术手段新颖

微电影通常采用数字化技术制作，包括特效、动画、3D 等技术手段，能够让观众体验到更加丰富、新颖的观影体验。

（6）传播方式多样

微电影传播方式多样，可以通过互联网、手机、电视等多种方式进行传播。通过社交媒体等新媒体平台传播，能够快速积累观众人气。

（7）商业化程度高

随着微电影市场的逐渐成熟，越来越多的品牌和公司开始将微电影作为一种新的营销手段，将品牌信息和产品宣传融入微电影中，提高品牌知名度和用户黏性。

除此之外，电影宣传的艺人也大多比较年轻化，通常都是演艺界的新人，主要在于通过微电影这个平台来为自己增加人气，得到更多粉丝的支持。

三、微电影营销的优势

（一）受众定位比较准确

随着互联网的快速发展，人们的生活方式正在发生巨大的变化，这也对传统的大众传播市场产生了猛烈的冲击。然而，这也为广告主的营销活动提供了机遇。广告主可以利用互联网大数据的便利性，实现广告的精准投放，并根据不同受众群体的喜好，定制微电影，将品牌核心价值与微电影故事相结合，更高效地完成营销任务。同时，互联网大数据的内容分析也更能够反映受众口味，帮助广告主实现人性化的营销活动。

微电影营销最突出的优势是其精确定位，能够针对目标消费群体进行靶向选择。不再像传统媒体营销那样盲目扩大辐射面，以地毯式的方式向消费者强制传播广告信息。微电影广告正是利用微营销的方式，对受众群体进行有效分类，并通过互联网大数据对受众群体进行定位。通过大数据的详细分析，微电影广告可以精准地分析广告受众所处的地域、性别、年龄、爱好、关注商品的类别、消费习惯等。极端地说，在网络社会中每一个人都没有隐私。通过与用户的互动，互联网一般都可以搜集并建立较为完备的用户喜好数据库。因此，可以根据观众的不同喜好来定向地推送微电影广告。这使得广告的传播效率飞速提升，同时也避免了观众对于一些垃圾信息的反感度。这些大数据分析为营销提供了受众细分的可能，企业客户可以完全预控传播效果，达到精准营销的目的。

在当今这个提倡个性和追逐梦想的时代，微电影广告成了吸引 80 后、90 后年轻人的主要推广方式。这些广告充分迎合了这部分年轻人的需求，推出了许多有关个性和梦想的电影。这样一来，这些年轻人很容易就被深深吸引，并从中找到共鸣，从而达到商业营销的目的。

《老男孩》《田埂上的梦》和《青春期》等微电影广告充满着青春元素，让那些正在经历青春期的人反思，让度过青春期的人缅怀。由于这些广告与受众的生活年代相契合，80 后和 90 后年轻人在观看后印象深刻，也对品牌产生了认知。微电影广告的精准优势由此可见一斑。

（二）与观众互动性强

传统广告越来越同质化，受众也日益感到审美疲劳，微电影则以其丰富的故事内容和品质、超大的艺术创作空间，开辟了新的广告生产路径，取得了传统广告无法比拟的传播效果。当微电影赋予产品新的内涵，将产品贴上情感的标签，通过艺术的手法来表现产品特性时，受众就会对该产品产生全新的认识。这既满足了广告主自身营销传播的需要，又为消费者提供了可观可感的全方位体验，从而实现双赢。可以说，一部好的微电影，对受众和广告主来说，都是喜闻乐见的。因此，广告主在此基础上开展的营销活动，其价值自然不可估量。

第一，微电影与观众互动性强的原因之一是微电影本身的特点。相较于传统的广告形式，微电影在创意上更加突出，情节更加丰富，更容易引起观众的共鸣和兴趣。同时，微电影也常常采用多媒体手段，比如音乐、画面、情节等元素的组合，以更加生动形象的展现品牌形象和产品特点。这些元素能够让观众更加容易理解品牌的核心价值，同时也能够让观众更加容易与品牌产生共鸣。

第二，微电影与观众互动性强的原因之二是受众的需求。随着年轻一代观众的崛起，他们对广告的要求也变得越来越高。他们对品牌不再只是简单的认知，而是希望品牌能够与自己的生活和价值观产生共鸣，希望品牌能够与自己进行更加深入的互动。而微电影恰好能够满足这种需求。微电影通过故事情节、角色性格等元素让观众能够更好地了解品牌，同时也能够与观众进行更加深入的情感互动，满足观众的需求。

第三，微电影与观众互动性强的原因之三是新媒体的互动性。随着社交媒体和移动互联网的发展，观众与广告的互动形式也越来越多样化。微电影可以利用这些新媒体的优势，将品牌和产品推广得更远、更深入。例如，微电影可以通过社交媒体的分享功能，让观众能够更加方便地与品牌进行互动，同时也能够让品牌更加容易地获得更多的关注和认可。此外，微电影也可以利用移动互联网的便捷性，让观众能够更加容易地获得更多的信息和情感体验。微电影的情节、人物塑造和情感表达也更加简洁明了，很容易引起观众的共鸣和反思。这种互动性的体验可以让观众更加自然地与品牌进行交互和沟通，增加品牌的信任度和影响力。

第四，微电影与观众互动性强还在于其创新性。传统的广告形式往往只是通过简单的文字或图片来传达信息，而微电影可以通过电影语言的表现形式，结合音乐、画面、情节等元素，让观众更加沉浸式地体验广告内容，增加了广告传达信息的深度和广度。例如，某汽车品牌推出的微电影广告《美好时光》，通过情节的展开和角色的表演，深刻地体现了品牌的核心价值，让观众在欣赏电影的同时感受到了品牌的魅力，增强了品牌形象的塑造效果。

第五，微电影与观众互动性强还得益于互联网的发展。互联网为观众提供了与品牌进行多元化互动的平台，例如评论、分享、点赞等。这些互动行为不仅可以增加品牌的曝光度和关注度，也可以让品牌更好地了解观众的需求和喜好，从而更好地定位受众、优化广告营销策略。

（三）微电影广告投资制作性价比高

从制作成本上来讲，电视广告和微电影广告其实资金投入相近。数据显示，2014 年 CCTV-1 综合频道黄金剧场第一集贴片 20 ：01 时的广告价格为每 30 秒 316 800 元，而广告主利用这 30 多万元完全可以拍摄一部长达 10 分钟的微电影。据微电影制作人的经验介绍，一部片子的拍摄周期在一周以内，从前期策划到后期制作的整个周期仅需一个月左右，用 30 万～ 50 万元的成本足以完成制作。而且，微电影的网络发行平台费用较低，甚至是免费的。视频网站购买版权的费用也相对较低。微电影的宣传大都以新媒体转发、社群自发自主传播为主，相较于传统的广告营销方式，广告主开展微电影营销的成本优势相当明显。

可以发现，传统影视广告的巨额花费并不是产生于制作费，而是将大量资金用于投放的费用，各大电视台的广告费用以秒计算，价格惊人，而且传播的范围较窄，目标人群也不能做到绝对精准。而微电影广告的投放 90% 是互联网平台，网络媒体的投放费用性价比远高于电视媒体，而且针对性强，能做到针对目标受众精准传播，因此微电影广告这种投入成本低而回报高的方式必然被企业客户争相追逐。例如微电影广告《老男孩》最终收获一亿两千万点击率。一亿两千万观众的观看量在传统媒体看来几乎就是天文数字，可能只有中央电视台的春节联欢晚会可以一较高下。所以微电影营销可谓是以小博大，这种低成本的微电影广告不仅为企业节省了大量资金，同时还收到了更出色的传播效果，巨大的点击量也为播放平台带来了巨大的收益，是一种一举多得的方法。

总的来说，微电影广告的营销优势就是性价比高、受众选择具有高针对性、互动性强，能够形成主动传播。

四、微电影营销的机会

（一）受众数量的不断增长

在当前网络媒体飞速发展的大背景下，网络已取代电视成为获取信息最主要的一种手段，根据对中国互联网发展状况的调查，中国的网民规模已占据总人口数的一半，并逐年递增。同时，中国手机网民用户成为世界第一大用户，手机已逐渐成为网民主要上网工具。短小的微电影广告，也随着手机上网的普及，充满了市场号召力。微电影广告成了各大视频网络平台、传统电视媒体、娱乐业、公益组织等全媒体争夺的大蛋糕。

（二）受众范围的扩大

现代人生活节奏加快、生存压力增加已成为常态，人与人面对面之间交流的机会变得越来越少，取而代之的是人们通过一个个的社交软件建立起了一个个的生活圈，这些圈子相互独立却又互相交叉，这正给微电影广告的传播提供了渠道。一旦一部好的微电影广告作品诞生，它就可以通过这些环环相扣的圈子快速地传播开来，极大地降低传播成本，同时可以引起人们广泛的讨论。微电影播放时长较短的特点符合现代人的生活节奏，因此人们更乐于接受这种全新的传播方式。除此之外，微电影广告带来的反响是传统广告无法比拟的，人们通过互联网媒体便可广泛地参与讨论，即使是两个素昧平生的人也可以交流彼此对微电影广告的看法，这是传统广告无法企及的。

（三）科技的进步带动微电影广告传播的发展

随着科技的不断进步，网络对广告业的影响日益突出，无论是商家、互联网还是用户，都可以从自己的角度出发，选择网络媒体进行微电影广告的投放、更换、检测成效和管理。相较于传统广告，以互联网媒体为传播平台的微电影广告可以更加高效地向观众传达品牌信息，同时给予观众更大的选择自由度，让他们可以根据自身喜好来接收广告信息。微电影广告营销模式借助网络将产品展现在用户眼前，通过故事情节和表达方式将产品的所有信息巧妙地融入其中，让观众更加直观地感受到产品具有的优势。在信息传送和反馈方面，用户可以通过多种渠道向商家提出意见和需求，这克服了传统广告行业单向传播的缺陷。

（二）微电影营销的类型

一般来说，从拍摄的角度看，微电影可分为以下两种类型。

1. 草根微电影

微电影的拍摄对器材的需求并不高，只需使用一部手机、DV 或者单反等即可完成。因此，从微电影开始流行到现在，许多网友制作的原创微电影作品在网络上广受欢迎。这类作品的制作者主要是草根人物，他们的微电影通常被称为草根微电影。广告主利用草根创作者制作的微电影进行营销，不仅能够节约成本，而且比较容易制作出符合产品品牌调性的作品，起到宣传自身产品和提升品牌形象的双重作用。

2. 专业微电影

第二类是专业微电影，即广告主与视频网站合作制作的微电影。2013 年是微电影成熟的一年，微电影情节越来越多元化，整合营销也不断加深。2013 年也是视频网站竞争最激烈的一年，视频网站间的竞争和合并，以及移动视频终端的崛起，无不提醒各大视频网站：内容必须为王。然而，在激烈的市场竞争环境中，广告主和视频网站要想创造出共荣共生的双赢局面，就必须在制作微电影时寻求合作。

专业微电影通常可以分为两种：

一种是企业自己组建的团队独立制作的微电影，通常带有“XX 公司出品”的标志。这类企业通常具有雄厚的资金实力，通常会聘请专业的影视公司或创作团队制作拍摄，以产出高品质的微电影，甚至会邀请一些热门名人明星参与到微电影的制作中。

另一种是由视频网站出品，广告主在其中植入广告的微电影，通常带有“XX 视频网站出品”的标志。视频网站为了获得更多的独立播放资源，通常会自己制作微电影，以降低版权购买成本，增强自身的竞争力。例如，由科鲁兹投资拍摄、优酷和筷子兄弟联合出品的《父亲》微电影（其中筷子兄弟是指筷子兄弟电影工作室），包括“父子篇”和“父女篇”，以亲情为主题，幽默而感人，向受众讲述了父爱的伟大。这也是筷子兄弟继微电影《老男孩》后的又一部佳作，进一步提升了科鲁兹品牌在受众心中良好的公众形象。

由此可见，微电影作为广告主投放广告开展营销活动的另一阵地，凭借其自身强大的互联网传播平台，已成为广告主的新宠。广告主希望在网络海量信息中脱颖而出，必须充分利用受众碎片化的时间和空间，尽可能多地为受众展示广告主自身的价值，并找到广告主品牌娱乐营销的创新切入点。

除了与视频网站合作制作微电影外，广告主还可以考虑其他形式的微电影营销。例如，可以通过与电影院合作，在电影上映前播放微电影广告，吸引受众的关注。此外，还可以通过微博、微信等社交媒体平台发布微电影，以便更广泛地传播。此外，一些具有特殊意义的节日或纪念日也可以成为微电影营销的切入点，例如母亲节、世界环境日、国庆节等。在这些特殊日子里，广告主可以创作与该日相关的微电影，从而引起受众的共鸣。

无论采取何种方式，微电影都是一种十分有效的营销工具，它不仅可以为广告主带来品牌曝光和传播效益，还可以为受众带来优质的视听体验。未来，微电影在广告营销领域的应用还将继续拓展和深化，成为广告主吸引受众、提高品牌知名度和形象的有力武器。

（三）微电影营销模式

微电影营销模式是指在微电影营销活动中采取的不同方式。营销模式的核心在于如何执行，只要能取得最大的营销效果，就是最好的营销模式。通常，微电影的营销模式有基于口碑传播的自愿分享式、院线联动式和线上线下互动整合式三种。

1. 自愿分享式

自愿分享式指的是微电影自发传播、实现多次裂变。一部好的微电影必定能达到与受众内心契合，引发受众精神上的共鸣，进而开启受众的自动传播模式。病毒式营销就是最好的例子。广告主的微电影只有能够调动受众自愿分享的积极性，实现信息的多次裂变，才能真正地降低微电影的营销成本，达到良好的营销效果。

2. 院线联动式

院线联动式指的是将新旧媒介巧妙联合起来，吹响某品牌营销的号角。例如，与中国移动合作拍摄的微电影《老人愿》就是将微电影和传统电影巧妙结合起来的典型例子。该片利用微电影和传统电影遥相呼应的对应关系，利用微电影在互联网上引爆预热，再在院线播放传统电影，实现了微电影互联网点击量和院线电影票房的双赢。

3. 线上线下互动整合式

线上线下互动整合式是指广告主在开展营销活动时充分利用社会化媒体互动的优势，实现线上线下内容的多渠道整合。例如，2012 年伊利子品牌每益添赞助的微电影《交换旅行》就是一个成功的案例。该微电影利用明星杨幂在微博上与网友的互动，将品牌理念和产品卖点完美地展现出来，使该微电影备受关注，提高了品牌在传统渠道的曝光率。

这三种微电影营销模式都有其独特的优点，广告主可以根据自己的需求选择适合自己的模式。无论采取哪种模式，都要充分利用受众的自愿传播和社会化媒体互动优势，实现最大的营销效果。

二、微电影营销的方略

（一）微电影营销的方式

当广告主利用微电影进行营销时，必须结合我国网民的实际情况，精准找到目标受众，并选择适合该受众口味的微电影营销方式。

1. 娱乐营销

娱乐营销是利用各种娱乐活动与消费者互动，将娱乐元素融入产品或服务中，通过娱乐元素建立品牌与顾客之间的情感联系，从而实现推广品牌内涵、培养顾客忠诚度、促进产品销售等营销目的的一种营销方式。在运用微电影进行娱乐营销时，要注重微电影的娱乐性，将娱乐元素融入微电影的故事情节中，并与顾客建立联系，以实现产品促销和品牌形象宣传的目的。但在进行微电影娱乐营销时，必须注意适度，过度追求娱乐性会导致微电影的失败。许多流行的微电影过分使用情色低俗的情节来吸引观众的注意力，虽然很多视频网站已经清除了这些微电影，但是我们仍然需要提醒广告主，要适可而止，不要过犹不及。

2. 情感营销

情感营销将消费者个人情感差异和需求作为广告主品牌营销战略的核心，通过情感包装、情感促销、情感广告、情感口碑、情感设计等策略来实现企业的经营目标。现在很多营销活动都试图通过感人的情感故事触动受众的内心，以期达到与受众消费层面的共鸣，微电影也不例外。然而，在数字时代下，整个社会都处于越来越浮躁的氛围中，能够真正进行情感沟通的微电影越来越少。但每年都会有出色的微电影作品诞生，例如金立手机微电影《幸福 ELIFE 之给爸爸的照片》就斩获了由财讯传媒《成功营销》杂志主办的 2014 中国内容营销盛典暨年度内容营销大奖颁奖典礼“年度最佳微电影营销案例”银奖。该微电影通过表现感人的父子情，凭借内容中极具“私人定制”意味的内容，达到了与消费者深层次的心灵接触与融合，让年轻消费者发自内心地认可并喜爱 ELIFE 这个品牌，让受众深信“唯有爱，能捕捉被遗忘的时光”。

3. 网络口碑营销

网络口碑营销是指利用互联网上的口碑传播机制，通过消费者以文字等表达方式为载体的口碑信息传播，实现塑造广告主形象、推广广告主品牌、促进产品销售等营销目的的网络营销活动。口碑即利用人际传播的优势，达到一传十、十传百效果的营销方式。一部好的微电影往往能够引起受众足够的兴趣，打动受众，促使其自发评论、分享、转发，利用人际传播机制达到广告主自身的营销目的。网络口碑营销成本低廉，收效高，已经成为广告主喜闻乐见并为之不断努力的营销方式。但是，产出优秀的微电影并非易事，尤其在竞争如此激烈的微电影市场，更是难上加难。

最经典的案例莫过于11度青春系列微电影之一的《老男孩》。该片讲述的是两个痴迷迈克尔·杰克逊十几年的平凡“老男孩”，经过岁月的洗礼后，鼓足勇气重新登台找回梦想的故事，以缅怀青春、祭奠梦想为名，激起了很大一部分受众关于自己青春和梦想的回忆，一炮而红，赚足了口碑。由此，不仅科鲁兹汽车的品牌形象深深地印在了受众的脑海，就连同名主题曲《老男孩》也唱响中华大地，让受众念念不忘。

4. 明星营销

明星营销是指具有一定名气和影响力的明星间接通过网络手段代言某种商品的营销事件。大牌明星的齐聚虽然会增加微电影的制作成本，但名人效应带来的营销效果也是显而易见的。很多资金实力雄厚的公司，通常都会选择微电影的明星营销方式。

（二）微电影营销的技巧

微电影营销和微视频营销一样，观众的点击量是营销成功的关键。视频或电影的点击量越高，营销信息就被传播得越广，看到营销信息的人也越多。因此，企业必须透过现象看本质，通过移动互联网和移动大数据等技术，来获得更为精准的营销方式和技巧，结合移动互联网的特性和微电影营销的特色来进行营销。

1. 引发病毒式传播

微电影的“病毒”营销是指通过微电影形式将产品在移动互联网上进行广泛的传播，这种营销最重要的核心在于电影的创意。创意是否贴近潮流、是否具有新意、是否引人入胜，是否抓住了观众的“痛点”和

“痒点”等，都决定着微电影是否能够进行病毒式传播。

移动微电影“病毒”营销的要点主要有三个：一是创新性，微电影的内容要让观众产生兴趣，引起观众的关注，还要利用移动大数据技术对目标消费者进行精准筛选；二是公共性，首先让观众从关注者变为传播分享者，主动自发地对经典、有趣的移动微电影进行传播，其次通过被传播者和传播者有着相同兴趣的特征，激发第二重或者多重传播；三是互惠性，包含产品信息的微电影会像病毒一样在移动互联网上进行扩散和传播。

随着新媒体的不断发展，大数据得以广泛应用于广告主的个性化定制中。现今的广告主们不再盲目行动，而是通过运用大数据来寻找目标受众群，制作出符合他们口味的微电影，以实现精准投放广告的目的。大数据为广告主们提供了受众群体的特征数据，包括地域、族群、文化背景等，同时也提供了该受众群的网络活跃度和活跃范围，使得广告主们能够更好地紧跟受众群的需求点，从微电影的故事编排、情感诉求以及宣传包装等方面进行优化配置，从而提高广告的收益。

一个例子是 TBWA 上海为米其林浩悦轮胎推出的主题系列微电影《静下来，世界就会不同》。该微电影讲述了三个不同家庭发生的情感故事，包括父子、母子和恋人之间的故事，传达了“给彼此更多安静的空间，心境也会发生积极的改变”的理念。这个微电影通过准确把握住轮胎受众的心理特征，突出了米其林轮胎噪声小的特点，实现了市场份额的突飞猛进。

当前，随着移动互联网的发展，信息传播已经成为一个信息传播像病毒一样迅速和扩散的网络时代，因此微电影的营销传播逐渐成了一种趋势。企业家必须认识到在这个移动互联网时代，流量、传播量决定一切，因此如何抓住用户的痛点进行微电影营销变得非常重要。只有移动微电影被传播得越多，证明其营销价值就越大，因此做微电影营销的企业必须不能错失“病毒”营销方案。

2. 进行整合营销

除了通过社交移动网平台的“电影 + 口碑”方式进行广泛传播外，企业还可以考虑进行整合营销。微电影的整合营销又称为多屏营销，需要通过与不同的网站、移动平台、媒体等展开合作来进行营销。在进行微电影整合营销的过程中，需要通过移动大数据分析来了解每个用户观看微电影的媒介和移动互联网接触行为习惯，以便制定出更为具体和针对性的营销策略。具体来说，整合营销的传播模式需要分为三步：第一步，在公司的网站上开辟专区，吸引目标用户的关注；第二步，与多家主流门户、视频网站进行合作，提升微电影的影响力；第三步，整合线下的活动、线下的媒体等进行品牌传播，从而实现微电影营销的更好效果。

3. 深化内容，提高传播效果

在移动互联网时代，好的内容是微电影营销成功的关键。好的内容可以提高视频传播的广度和深度，包括视频的浏览量、转发率、点击量、收视率等。同时，视频在网站、微博和微信等平台上的好评率以及人们对视频留下的印象也是视频传播深度的表现。移动微电影的内容更加侧重于趣味性、自由性和个性化。好的微电影可以自我传播，吸引无数网友的关注并作为微电影传播的中转站，实现产品的高效曝光。

为了确定微电影的内容方向，企业需要结合品牌定位和移动大数据技术来打造适合营销的内容。企业需要明确品牌和产品定位，根据企业的发展战略和品牌定位来确定微电影营销的方向，例如幽默、恶搞和庄重等等。另一方面，企业需要通过移动大数据技术分析用户需求，打造有价值的微电影内容。最终，企业需要整合这两方面的决策，打造既符合企业未来发展战略又符合观众需求和口味的微电影内容。

4. 重视用户参与度

移动互联网为企业和网民的互动创造了良好的舞台。企业需要制定计划，提升用户参与度。现在许多移动视频网站和播放软件都带有弹幕的功能，企业可以利用这一功能，与线上所有用户形成互动。在使用弹幕功能时，需要注意弹幕频率，不能太频繁，否则会影响用户的观看体验。弹幕的内容应该一针见血，直戳用户的“痒点”，充分利用每次发布弹幕的机会。

除了发布弹幕之外，微电影下方的评论区域也是企业能够利用的部分。评论区的互动效果不如弹幕区域，但仍然有其价值。企业可以从弹幕和评论区域挖掘更贴合人们需求的信息，从这些信息内容出发，提炼出人们的观看习惯和兴趣方向，为微电影内容的调整提供科学依据，也为未来的微电影营销奠定基础。

5. 兼顾商业性和艺术性

随着移动微电影的进入市场，它面临着越来越激烈的市场竞争。要想在竞争中脱颖而出，移动微电影必须发挥商业性，创造更多的经济收益，但是同时也要注意艺术性，因为艺术性是检验微电影营销商业价值的起码标准之一。

微电影作为一种新的营销方式，它不同于传统的广告，在视频中巧妙地融入了商业性和电影艺术性，颠覆了“在电影里插广告”的传统模式，成为一场营销革命。在微电影制作过程中，必须把商业性与艺术性结合起来，这样才能诞生出优秀的微电影作品。正如徐峥在其微电影《一部佳作的诞生》中所说的：“如果我们的电影不能走进观众的心，我们怎么能取得商业上的成功呢？”

然而，广告主不能太过功利，因为太过商业化的内容往往会引发消费者的反感，造成资金的浪费。微电影作为商业和文化联姻产物，必须坚持以人为本的理念，以优美的艺术形态感染受众、软化受众的心，从而促使受众主动关注、主动转发、主动分享。因此，广告主在拍摄微电影之前一定要找到与品牌自身调性吻合的立足点，这样才能使微电影在商业化的市场竞争中展现出良好的品牌形象。

6. 拓展营销类型

微电影的类型非常丰富，不仅包括草根恶搞、青春爱情、励志奋斗、亲情感人、唯美风景等剧情片，爱情片，喜剧片，还包括纪录片、动画片、音乐片等类型。除此之外，公益微电影、院线电影番外篇等也可以成为微电影营销的新思路。只要微电影的商业性与艺术性相结合，不排斥商业化运作的同时，对视频的艺术性有一定的把控，就能够在微电影营销中取得成功，博得众人的眼球。

第二节　社会化媒体营销模式

21 世纪的营销和 20 世纪的营销有了根本性的区别，这是由社会化媒体的交流方式创新和变革所引起的。自从互联网发明以来，人们通过网络逐渐展开交流，这种连接速度和范围大大超出了人类的设想。社交软件的不断出现，不断地推动网络连接向更快捷和方便的层面发展。这种社会化媒体的发展形势，对企业营销产生了巨大而深远的影响。

一、社会化媒体营销概述

奥巴马在 2008 年的竞选中，将社会化媒体作为主要竞选策略，并在 15 个不同的社交媒体平台上获得了超过 500 万支持者。在 Facebook 上有 250 万粉丝，在 Twitter 上有 12 万粉丝，在 Youtube 上有超过 5 000 万的浏览量。奥巴马还通过社交媒体平台获得了 639 万美元的捐助，其中 80% 都是来自少于 20 美元的小额捐助，捐助行为还有力地把粉丝转化为奥巴马的倡导者。2012 年，奥巴马更是借助社会化媒体平台获得了近 10 亿美元的捐助，并战胜对手罗姆尼获得连任。

社会化媒体的影响如此之大，掌握和不掌握社会化媒体营销竟然成为胜负的分界线。因此，如何利用好社会化媒体营销模式来助力公司的核心业务发展，成为现代营销必须探讨和应对的主要问题。

三、社会化媒体营销与购买流程

现在的互联网社交玩法越来越多，不断创新。企业家们越来越关注互联网思维，不断总结和定义。2014年，传统企业转型互联网成为企业家们最焦虑的问题，而小米黎万强提出了一个有趣的建议：传统冰箱厂商可以做上百种冰箱，用互联网社交化的玩法让用户参与进来，甚至包括制造过程中。这种决定需要莫大的勇气，但只要决定了，就可以利用社交媒体的消费者购买流程分析来弄清楚整个过程中的不同环节里，社交媒体应该起到什么样的作用和扮演什么角色。对于市场营销者来说，营销的本质是让消费者能够知道目标产品，找到相关信息，产生偏好，最终决定购买，并成为忠实用户。这个决策过程就像一个漏斗，需要社交媒体在不同阶段发挥不同作用，以最终将用户转化为忠实粉丝，提高产品的价值。

（一）确认需要阶段

社交媒体营销在消费决策的各个阶段扮演不同的角色。在确认需要阶段，传统的市场营销通常会利用电视广告、户外广告和电台广播等形式提高品牌知名度。而在数字时代，主流网站上的横幅广告、付费搜索和电子邮件推介等成为主要方式。虽然在线广告价格较便宜，但难以达到电视广告的效果。不过，即便是像小米这样不做广告的公司，也选择在2014年春晚上投放《我们的时代》广告，引起了广泛的话题和讨论。在确认需要阶段，社交媒体营销通常采用以下策略：

1.制造微博话题

通过制造话题，营销者可以吸引更多的关注并传达品牌形象。话题就是微博搜索时的关键字，以“#”符号包围，后面再加上你想写的内容。虽然许多跨国公司都在猛砸预算进入SMM领域，但成功的品牌往往放下品牌“高大上”的架子，贴近社交媒体的病毒好玩特性，接地气，让品牌在有地气的土壤里生根发芽。

潘婷是这个领域的成功典范。潘婷善于利用话题吸引粉丝，例如在2014年10月推出的话题“#晒晒你的高端黑#”，实际上是联合聚美优品推广潘婷的高端线产品“臻致修护系列”。这场营销活动在当天就收获了潘婷臻致修护系列在聚美优品的最好促销成绩，零售销量是聚美优品上潘婷基础线和高端线日均销量之和的十几倍，几乎达到高端线在聚美优品上近一年销量的总和。潘婷微博一直是一个制造话题的高手，契合热播剧的#护发芯机#、#耀由芯生#等话题，回应感恩节的#潘婷，感谢有你#等，直接吸引粉丝试用的#14天体验潘婷不一样#，结合实时社会热点的#一句话祝福高圆圆大婚#等，其操作技巧也很到位。关于高圆圆的婚礼，潘婷多组合出击，还推出了#高圆圆闪耀婚礼的7个秘密#等其他关键字，通过赞扬女神的“本色永远纯真”“淡然随性而活”“清醒不忘初心”等特质，实质是在粉丝心智模式中植入使用潘婷的人就是这样的女神气质。潘婷为了让自己的话题容易被搜索到，在同一条微博中还会搭配更热门的话题，例如话题#高圆圆闪耀婚礼的7个秘密#所在的微博，就搭上了#高圆圆婚礼#这样的热门话题吸引关注。

2. 视频广告

视频广告是一种广告形式，利用视频的形式来展示产品或服务的信息以吸引潜在客户。这种广告形式可以在电视、互联网和移动设备上播放，能够在短时间内传递信息，具有更好的视觉效果和情感共鸣。随着互联网的发展和普及，视频广告的投放逐渐从传统的电视广告转移到了互联网上。在互联网上，视频广告可以通过视频网站、社交媒体和视频广告平台等渠道进行投放，而且具有更强的定位精准度和投放效果跟踪。视频广告的优点是可以吸引受众的注意力，传递更多的信息，提高品牌知名度和认知度，同时也可以提高销售量和转化率。但是，视频广告也有一些不足之处，例如成本较高、制作周期长、受众容易跳过等。因此，在选择使用视频广告时，需要根据自身产品和目标受众的特点进行综合考虑，才能达到最佳效果。

3. 设计社交互动的活动

如今，随着社交媒体的不断发展，社交玩法的花样也越来越多，越来越具有创意性和多样性。这一方面是由于可供借力的社交渠道越来越多，另一方面则是因为商家们的思维变得越来越开阔，脑洞也越来越大。无论是通过微信、微博、抖音、快手等社交平台进行营销，还是通过线下的活动来提升品牌曝光度，都需要考虑如何让消费者产生口碑，并提供优质的服务。

社交媒体营销不再只是传统的广告推送和信息传递，而是将营销和社交互动结合起来，通过社交媒体的特性来增强品牌影响力和知名度。在这个过程中，创意和巧妙的设计可以起到至关重要的作用。例如，一些品牌会通过设计有趣、引人入胜的小游戏来吸引消费者的关注和参与，从而实现品牌营销和互动式推广。这些小游戏不仅可以让消费者感受到品牌的趣味性，还可以让消费者在游戏中获取奖励和优惠，增强他们对品牌的好感度。

然而，无论是通过什么样的社交玩法进行营销，口碑始终是最关键的因素。在社交媒体的世界中，口碑传播的速度和范围非常快，一旦出现问题或差评，品牌声誉将会受到极大的损害。因此，商家们需要时刻关注用户的反馈和评价，及时回复消费者的问题和疑虑，提供贴心的服务和支持。

服务是社交营销的另一大关键因素。在社交媒体的环境中，用户的需求和反馈可以得到更加迅速和直接的响应。因此，商家们需要建立完善的客户服务体系，为消费者提供周到、细致地服务和支持。通过对用户的反馈和评价进行细致分析，商家们可以更好地了解消费者的需求和心理，从而针对性地改进产品和服务，提升用户体验，进而增强品牌影响力和美誉度。

4. 社交媒体广告

在数字时代，传统的营销方式已经无法满足人们对于更多社交互动和参与的需求，因此，社交媒体营销成为越来越多企业的选择。其中，借助名人代言的广告仍然是传统营销中最常见的方式，但广告缺乏互动，只能实现单向的信息传递。相比之下，基于社交媒体的广告则具备更多的互动性，能够让用户参与其中，从而提高用户的参与感和品牌忠诚度。

以高晓松在微博上发布的“美国是什么”为例，他发布了一系列别致的平面图，描述了不同的美国印象，这样的玩法让用户感到十分新奇有趣。最终的答案揭晓时，却是来自雅培的广告，但是用户对于这样的广告并不会感到反感，因为他们已经在这个过程中得到了很多的参与感。此外，Vivo 手机也通过社交媒体的方式，借助教师节、毕业季联合人人网，让校友们向母校致敬。这样的活动不仅能够让用户参与其中，也可以借助用户的分享，扩大品牌的影响力。

基于社交媒体的广告不仅能够实现更多的互动，而且能够允许用户分享，从而实现更大的影响。因此，越来越多的企业开始将社交媒体营销纳入其品牌宣传的策略中。同时，这种营销方式也对企业的创意性提出了更高的要求，必须要让用户感到趣味十足，从而吸引用户的参与和分享。而这一切的前提，是企业必须要做好口碑和服务。如果企业的口碑不好，或者服务不到位，即使做了再多的社交互动活动，也很难取得好的效果。

5. 跨界连接

随着互联网时代的发展，连接已成为一个重要的概念，不仅限于人与人、人与设备之间的连接，也包括组织与组织之间的连接。网络化互联的趋势促进了传统行业的转型和创新，让看起来没有关系的事物也可以产生交集和合作。

在营销领域，连接的概念也得到了广泛应用。例如，借助当下热门的脱口秀逻辑思维订阅号，一本老书《战天京》成功地拓展了自身的名气和影响力。该书的出版方将购买链接放到逻辑思维订阅号的微菜单中，实现了书籍和订阅号之间的有机连接。这种合作是无偿的，逻辑思维订阅号看中的是《战天京》本身的气质和与自身订阅号相符的特点，而《战天京》则通过借助逻辑思维订阅号的影响力拓展了自身的影响范围。

这种连接不仅仅是营销策略，也是互联网时代推动企业间合作的一种方式。传统行业需要找到合适的合作伙伴，借助其影响力和资源，来实现共赢的局面。而在互联网领域，各种互联网企业和创新型公司之间的连接和合作已成为趋势，共同创造更大的价值。

6. 社交慈善

社交网络不仅是市场营销的重要渠道，也是开展慈善活动的有效方式。通过社交网络发起慈善活动，可以让企业体现出社会公民责任感，同时也能引起粉丝的共鸣，进而传播品牌的美誉度。2006 年，雪佛兰启动了“红粉笔乡村教育计划”，该计划从活动启动之初就开设了新浪博客，并一直持续更新至今。为了更好地推广该计划，2009 年随着微博的推出，雪佛兰迅速推出了相应的微博账号，在新浪微博里搜索“雪佛兰”，很容易就会搜索到红粉笔的相关信息。此外，粉丝的朋友圈分享也能进一步传递正能量，为雪佛兰带来非常正面的影响。

红粉笔乡村教育计划的成功经验告诉我们，社交网络不仅可以用来推广品牌，也可以用来传递正能量。这种基于社交网络的慈善活动不仅可以为企业带来良好的形象和口碑，还可以帮助需要帮助的人群。这种活动的成功离不开企业的积极参与和粉丝的支持，只有企业真正关注公益事业，并将其融入自己的品牌价值中，才能真正获得社会的认可和尊重。在社交网络上，企业需要与粉丝建立起良好的互动关系，激发粉丝的参与热情，并及时回应他们的关注和反馈。这样才能真正做到让粉丝在参与活动中感受到企业的温暖和关怀，从而增强他们对品牌的认同和忠诚度。

当然，企业在开展基于社交网络的慈善活动时也需要注意，不能仅仅追求曝光率和影响力，而忽视了活动本身的实际效果。企业应该将粉丝的反馈和参与度作为重要的考核指标，及时调整活动策略和方案，确保活动的实际效果达到预期目标。只有这样，才能真正将社交网络营销和慈善事业有机结合起来，实现双赢。

（二）信息收集阶段

当用户了解到产品就会尝试了解和产品有关的更多信息，这个阶段是整个购买流程过程中非常关键的阶段，往往决定了潜在用户是会成为你的产品购买者还是会成为竞争对手的拥护者。在收集信息阶段，社交媒体扮演的主要角色是将消费者和第三方的信息源有效地连接起来。收集信息阶段非常重要，这个阶段通常可以利用到的社交媒体营销手段如下。

1. 网络评论管理

网络评论管理是社交媒体营销中的一个重要环节。在当今社会，消费者可以在各种网络平台上留下对产品的评论和评价，这些评价可以对产品的销售和品牌声誉产生重要影响。因此，正确地管理网络评论对于企业来说非常关键。

首先，企业应该注意对于负面评论的处理。对于中小型企业而言，他们覆盖的渠道通常比较有限，网上相关言论也不多，因此发现负面评论时，他们常常会采取删除的方式。然而，删除所有负面言论是不可能的，即便是主流网站的负面评论也需要不小的人力和物力，一不小心就会被发现，从而带来更大、更多的负面影响。因此，正确的处理方式应该是“实事求是”，根据企业的具体情况，可以对负面评论予以正面回应。如果是竞争对手的恶意攻击，可以向平台进行投诉删除。但是，通常来说，消费者的差评可能真的是企业产品或者内外部流程的某一环节出了问题，了解和回应负面评论反而会是一个推进企业优化产品或流程的契机。

其次，如果组织条件允许，企业应该建立专门的社交运营团队。这样的团队可以负责监测和管理网络评论，及时回应消费者的问题和反馈，维护企业的声誉。如果企业没有这样的团队，也可以考虑委托社交媒体代理机构来处理。

最后，企业应该注意社交媒体营销的风险。尤其是在针对年轻用户的营销活动中，企业需要注意产品质量和安全，避免出现安全问题和负面影响。例如，多乐士曾经通过微博等社交媒体平台推出“焕然你家”计划，但却出现了产品含铅砷影响儿童健康等事件，面对公众的直接质疑却不敢正面回应，使活动的效果大打折扣。因此，企业在进行社交媒体营销时，要保持审慎和谨慎，注重产品质量和安全，以及正确处理消费者的反馈和评价。

2.设立社交媒体账号

设立社交媒体账号是社交媒体营销中的重要一环。在当前的市场环境中，社交媒体已经成为企业宣传推广的重要渠道之一。企业可以通过设立社交媒体账号，将自己的产品、服务、品牌等信息传递给潜在客户，并与潜在客户进行互动，进一步增加品牌影响力和知名度。

设立社交媒体账号不仅可以帮助企业在社交媒体上建立品牌形象，还可以提高企业在搜索引擎上的排名，使得更多的潜在客户能够找到企业的信息。同时，通过社交媒体账号的互动和社交功能，企业可以与潜在客户进行交流和互动，了解客户需求和反馈，及时解决问题，提高客户满意度。

然而，设立社交媒体账号并不是简单的事情。企业需要根据自己的目标受众、产品特点等因素选择适合的社交媒体平台，比如微信、微博、抖音、快手等。在设立账号后，企业需要进行账号优化，包括账号信息填写、头像、封面、标签等设置，以及发布有价值的内容，吸引目标受众的关注和互动。

此外，设立社交媒体账号还需要考虑账号的管理和维护。企业需要保持定期发布高质量的内容，及时回复用户提出的问题和意见，并根据用户的反馈不断优化自己的产品和服务。同时，要注意账号的安全和信息保护，避免账号被黑客攻击或者泄露用户隐私信息等问题。

3. 连接用户

品牌可以设立和赞助专门的论坛来允许新老用户产生连接，交换信息并进而引导购买，还可以沉淀资深用户建立品牌忠诚度等。在这方面，小米是走在前列的，其旗下不仅有专设的拥有超过 3000 万粉丝的小米论坛，还有超过 250 万粉丝的小米贴吧。小米还专门为专业发烧友设置了 MIUI 论坛，目前也已有超过 80 万的粉丝。通过用户之间的相互吸引和互助，小米有效地传播了品牌信息，在用户间形成了口碑营销。

（三）评价方案阶段

因为消费者得到的各种信息可能是重复的，甚至是相互矛盾的，因此还要进行分析、评估和选择，这是消费者决策过程的决定性环节。在评价方案阶段消费者通常已经将目标锁定在有限的几个选项之间，很多时候产品与产品之间的差异并没有特别明显，各自有各自的一些特点，不仅是产品功能性的，也包含品牌自身的文化特性。在前面阶段已经通过社交营销和其他营销手段的结合给予了用户相当多的信息量，在评价方案阶段，还可以通过以下渠道影响用户的选择。

1. 百度知道

百度公司旗下拥有多种产品，其中百度知道作为一个实用但常常被忽视的渠道，实际作用十分重要。作为百度自家产品，百度知道在百度搜索结果中排名较高，因此通过百度知道的营销相当于购买了百度的关键字。此外，百度公司对百度知道的推广也让许多消费者习惯了通过百度知道来获取和了解不同产品的比较信息。例如，在消费者决定购买科鲁兹小轿车之前，很容易会在百度中搜索“科鲁兹好不好”“科鲁兹福克斯哪个好”等类似的关键字。以“科鲁兹好不好”为例，排名第一的是雪佛兰品牌自己购买的关键字推广链接，排名第二的是百度知道。

在评估方案阶段，消费者通常会比较有限的产品选项。如果百度知道的搜索结果中有明显不利于某个产品的评论，这会导致潜在客户的流失。因此，企业可以通过专门设立的渠道维护人员来管理百度知道渠道。具体的操作方式包括选定关键字，如假定该品牌为 A，主要竞争对手品牌为 B，则可以相应选定关键字为 A、A+ 好不好、A+ 怎么样、A+B+ 哪个好等。然后，在百度知道中搜索相关信息并整理正面和负面的信息，根据整理结果确定具体的营销策略，如以负面信息管理为主还是以正面推广为主。接下来，根据策略确定回答内容和问题数量。这需要了解百度的算法，明白哪些回答内容和问题能够被推到百度知道搜索结果的前面。例如，问答字数不低于 200 字，文案内容要尽量丰富，以及文案各关键字对应的问题数量等。最后，需要定期跟踪以负面信息降低和正面信息升高等作为指标来衡量营销效果。其他类似的渠道还包括百度经验和百度文库，这里就不再赘述。

此外，在答案中不妨加入产品的特点、优点和使用方法，提供更多有价值的信息，增加消费者对产品的了解和认知。同时，在回答问题的过程中，还可以巧妙地插入品牌推广语或关键词，以增强品牌曝光度和记忆度。

除了维护自身品牌形象，企业还可以通过百度知道渠道间接地监测和了解消费者的需求和反馈。通过对问题和回答的分类整理和分析，企业可以了解到消费者对产品的关注点、疑问、评价和需求，进而调整产品的设计、营销策略和服务体系，提高产品的市场竞争力。

需要强调的是，从企业伦理角度，特别是作为知名企业来说，所有的营销应该基于产品的客观事实，不能无中生有，也不应恶意攻击竞争对手等，这种做法也许短期内能起到作用，但从长远看是有损于品牌形象的，其操作手法一旦曝光，造成的恶果不一定是企业能够承受的。

2. 垂直网站与垂直搜索

垂直网站是指以特定主题、行业或领域为主要内容的网站，例如汽车网站、财经网站、医疗网站等。垂直网站内容专业性强，涵盖了该领域内的各类信息，包括新闻、文章、视频、图片等多种形式；网站针对特定受众，如医疗网站针对医生、患者及医药从业者等，汽车网站针对汽车爱好者、车主等；网站的社区功能比较突出，用户可以在这里分享自己的观点、经验和知识，并且网站还提供交流和互动的平台；网站通常具有较高的用户忠诚度，用户会经常访问该网站，关注网站上的内容；垂直搜索是指专门针对某一领域的搜索引擎，例如医疗搜索、旅游搜索、餐饮搜索等。垂直搜索通常对特定领域或行业，用户可以输入与该领域相关的关键词进行搜索，得到的搜索结果更加精准；搜索引擎会整合该领域内的各类信息，并对其进行分类和标注，提供给用户一个更加清晰的信息展示界面；搜索引擎会对该领域内的权威网站和专家进行筛选，将其列为优先搜索结果，提高用户体验；垂直搜索还可以提供相关的建议和推荐，如相关搜索、热门搜索等，方便用户快速找到所需信息。

总的来说，垂直网站和垂直搜索都是为用户提供更加精准、全面的信息服务，其重点都在于满足用户的特定需求。垂直网站和垂直搜索也是互相促进的关系，垂直搜索可以带来更多的流量和用户，同时垂直网站也可以通过优化网站 SEO，提高在垂直搜索中的排名，吸引更多的用户。

（四）购买决策阶段

购买决策阶段是潜在消费者真正实施购买并成为真正的消费者的阶段。在整个购买流程中，不管是通过线上还是电话或者在商店里，这个阶段企业最需要做的是给消费者营造一个流畅、高效的购买体验。许多营销者认为在这个阶段营销不应该起任何作用，企业不应该再给潜在的消费者提供任何可能导致他分心的信息，哪怕再正面的信息也会分散消费者的注意力。这种说法在某种程度上是有道理的，不过正如许多传统线下商店会把有相关性的产品放到一起以引起消费者购买更多的设计一样（沃尔玛通过大数据分析把啤酒和婴幼儿尿布放到一起，大大提高了啤酒的销量），企业可以介绍其他与消费者类似的人们也会买的商品，例如在亚马逊选好商品后你还可以看到许多推荐购买商品。同时企业还可以提供分享渠道，让消费者可以将他的购买决策分享到消费者的社交圈，以带来更多的影响。

1.推荐商品

在购物的过程中，消费者通常会将他们感兴趣的商品添加到购物车中，然后再做最终的决策。在这个阶段，企业可以通过推荐商品的方式，让消费者发现更实惠、更符合需求的商品，从而增强其购买物品的冲动。

推荐商品是指显示与消费者购物车里的商品相关的商品，以此来扩大消费者的关注面。通过推荐商品，消费者可能会发现比购物车商品更实惠、更符合其需求的商品。这样一来，就能在一定程度上打消消费者的顾虑，使其购买到满意的商品。

推荐商品的原理是基于协同过滤算法。这个算法会根据消费者的购物历史和偏好，推荐出与其购物车中商品相关的商品。如果消费者的购物车里有一本小说，那么推荐商品就可能是其他小说、文学类书籍或是相关的读物。这些推荐商品都是与消费者已经添加到购物车中的商品相关的，因此更容易引起消费者的兴趣。

推荐商品的好处不仅在于扩大消费者的关注面，还在于帮助消费者发现更实惠、更符合需求的商品。在购买的过程中，消费者通常会考虑价格、品质、功能、颜色等方面的因素。如果消费者的购物车里的商品价格太高，或是不符合他们的需求，那么他们可能会选择放弃购买。而推荐商品则可以帮助消费者发现更实惠、更符合需求的商品，从而增强其购买物品的冲动。

此外，推荐商品还可以帮助企业提高销售额和客户忠诚度。通过推荐商品，企业可以为消费者提供更好的购物体验，从而增加他们的购买频率和购物车的价值。消费者往往更倾向于购买他们已经熟悉的品牌和产品，因此推荐商品还可以帮助企业提高客户忠诚度。

2.提供社交分享工具

如今，社交媒体已经成为商业营销中不可或缺的一环。越来越多的企业利用社交媒体来推广自己的品牌，吸引潜在消费者，提高销售额。而在购买决策阶段，提供社交分享工具则是其中一个关键的策略。

提供社交分享工具，可以帮助消费者方便地将购买内容分享到社交网站上。例如，当消费者购买一件新产品时，可以将其分享到Facebook、Instagram 等社交媒体上，让更多的人知道自己的购买决策。这不仅可以增加品牌知名度，还可以帮助其他消费者更好地了解产品。

同时，消费者可以通过写评论给产品打分来表达自己的看法和体验。这些评论不仅可以帮助其他消费者了解产品的优缺点，也可以为企业提供宝贵的反馈，帮助其改进产品和服务。

购买后评价阶段是形成忠诚用户的关键阶段。如果消费者对购买的产品感到满意，他们有可能会在社交媒体上分享自己的购买体验，这对企业来说是一种极为有力的推广方式。而对于不满意的消费者，他们可能会在社交媒体上发表负面评论，对企业的形象产生负面影响。因此，在购买后评价阶段，企业需要认真对待消费者的反馈，并及时处理和回应消费者的问题和意见。

然而，需要注意的是，用户购买完产品并不意味着购买流程的结束。为了吸引消费者成为忠实的用户，企业需要持续关注消费者的需求和反馈，并不断改进产品和服务，为消费者提供更好的购买体验。此外，企业还可以通过社交媒体上的营销活动，吸引消费者的关注和参与，增加品牌忠诚度。

现在社交媒体营销的玩法越来越多，企业可以利用各种方式来推广自己的品牌和产品。例如，在 Instagram 上发布有吸引力的图片和视频，让消费者通过“点赞”和“分享”来帮助企业扩大影响力；在 Twitter 上发布有趣的推文，通过“话题营销”来引起消费者的兴趣和参与；在微信公众号、抖音、快手等平台上推送有价值的内容，吸引消费者长期关注企业。

四、社会化营销法则与活动计划的制订

（一）社会化营销法则

许多因素都有可能成就或者毁掉一场社会化营销活动，有时候成功仅仅是因为运气。不过也有共通的法则能够帮助营造成功的活动。

1.坦诚沟通

在社会化媒体上，品牌与消费者之间的交流是非常重要的。为了确保这种交流的有效性，品牌需要保持坦诚，消费者是聪明的，他们会通过品牌的行为和言论来判断品牌是否值得信任。如果品牌不能够保持坦诚，那么消费者就不会信任品牌。

坦诚地沟通是指品牌必须坦率地向消费者传达信息。品牌不应该隐藏任何东西，而应该积极主动地回答消费者的问题。品牌需要对消费者的问题进行真诚地回答，这样才能建立起良好的信任关系。如果品牌不能够坦诚地与消费者沟通，那么消费者就会认为品牌在隐瞒信息，从而失去信任。

2.互动参与

互动参与是指品牌与消费者之间的互动和参与。在社会化营销中，品牌需要与消费者进行互动，以便更好地了解消费者的需求和想法。同时，品牌还需要主动参与到消费者的日常生活中，以便更好地与消费者建立起联系。

互动参与是通过社交媒体平台来实现的。品牌需要在社交媒体上建立自己的社交圈，并积极参与到社交圈中。品牌需要与消费者进行互动，

回复消费者的留言和评论，并分享与消费者有关的信息。通过互动参与，品牌可以更好地了解消费者的需求和想法，并建立起更加紧密的联系。

3. 平等自由

平等自由是指品牌和消费者在社交媒体上应该是平等自由的。在社交媒体上，品牌和消费者之间的关系应该是平等自由的。品牌应该给消费者自由表达自己的想法和意见的空间，消费者也应该给品牌相同的自由。

社会化平台鼓励通过平等自由的对话，礼貌地拉近品牌和用户的关系。品牌要接地气、讲人话，善于体味现实社会的冷暖温度。

4. 非刻意控制

在社会化营销中，非刻意控制是非常重要的。如果企业试图过度控制用户的行为，这种行为可能会逆转成消费者对企业的不信任和厌恶。此外，社交媒体的本质是自由和开放的，消费者对广告和营销信息的过度控制会让他们感到受到了限制，从而对品牌产生负面的印象。因此，企业在社交媒体上进行营销时，必须遵守社交媒体的规则，避免对用户进行不必要的控制。

不过，非刻意控制并不意味着完全放任自由，企业仍需在保持自由开放的同时，注意引导用户的行为。例如，企业可以通过在社交媒体平台上发布有价值的内容，吸引用户的注意力并促使他们主动参与互动。此外，企业还可以通过与用户建立良好的互动关系，建立起长期的信任和忠诚度，让用户自愿地为品牌宣传和推广。

（二）制订社会化营销活动计划

无数社会化营销活动正在进行之中，如何制订社会化营销活动计划，有些共同的经验和方法能够帮助创建并执行成功的活动计划，简单来说包含七个步骤：定义活动目标、开发故事或体验、制订用户行动计划、制订内容计划、创造影响力、创建合作关系和追踪结果。

1. 定义活动目标

在社会化媒体营销活动中，制订明确的目标是一项关键步骤。然而，这个看似顺理成章的过程却常常被忽略。为确保目标的可操作性和可执行性，需要将目标与消费者购买决策流程结合起来，而仅仅依靠一个病毒营销视频并不能达到预期的效果。因此，设定的目标必须符合 SMART 的原则，即具有具体性、可衡量性、具有挑战性、可实现性和与时间相关性。只有符合这个原则的目标才能够被有效执行、追踪和管理。

（1）具体性（specific）。具体性又包括以下三方面。

首先，一个具体的目标能够让团队更好的理解和执行。在社交媒体营销活动中，一个模糊的目标往往会让团队感到迷茫和困惑，难以进行有针对性的工作。例如，“增强客户意识”的目标是不明确的，因为增强客户意识有许多具体做法，团队无法很好地理解和执行。相比之下，“减少客户投诉”则是一个具体的目标，可以通过投诉率来进行衡量，团队能够更好地理解和执行。

其次，具体的目标能够帮助团队更好地制定计划和策略。一个模糊的目标往往会导致计划和策略的不确定性，进而影响活动的执行和效果。相比之下，一个具体的目标可以帮助团队更好地制定计划和策略，从而提高活动的执行和效果。例如，如果目标是增加销售额，团队可以制定一些具体的策略，如提供优惠券、推出新产品等等，以此来实现目标。

最后，具体的目标能够更好地帮助衡量活动的效果。在社交媒体营销活动中，一个明确的目标能够帮助团队更好地衡量活动的效果。相比之下，一个模糊的目标会让团队难以判断活动的效果。例如，如果目标是提高品牌知名度，那么团队可以通过社交媒体上的曝光量、点击率等指标来衡量活动效果。这样，团队就能够更好地评估活动的效果，以此来指导下一步的工作。

（2）可衡量的（measurable）。社交媒体已经成为现代营销中不可或缺的一部分，无论是大型企业还是小型企业都希望能够在社交媒体上获得成功。但要实现社交媒体的成功营销并不容易，需要对目标有清晰的了解并制定可衡量的目标。

可衡量的目标是实现社交媒体营销成功的重要因素之一。在社交媒体中，目标必须是可以衡量的。例如，如果企业的目标是提高品牌知名度，那么可以通过粉丝增加量、浏览量、转发量等指标来衡量。同样，如果企业的目标是提高销售额，那么可以通过社交媒体网站的购买转化率、成交额等指标来衡量。

衡量目标的重要性在于帮助企业评估自己的营销策略是否成功，有利于在营销活动中进行实时调整和优化。如果企业无法衡量目标，那么就很难知道是否取得了成功。如果无法知道哪些策略是有效的，企业就无法通过社交媒体获得营销优势。

可衡量的目标不仅帮助企业评估自己的成功，而且还能让企业制定更加具体的营销策略。通过分析目标数据，企业可以了解哪些策略是成功的，哪些策略需要进行调整。例如，如果企业发现转发量很高，但购买转化率很低，那么可以通过改进产品介绍、优化营销策略等方式来提高购买转化率。

在社交媒体营销中，制定可衡量的目标需要注意以下几点：首先，目标必须是可操作的，这意味着企业必须有能力实现这些目标；其次，目标必须是可追踪的，这意味着企业必须能够实时追踪目标的达成情况；最后，目标必须是可管理的，这意味着企业必须能够根据目标进行实时调整和优化。

（3）具有挑战性的（aggressive）。有很多人认为这个 a 是 attainable（可实现的），其实应该说具有进取心或者说具有挑战性更合适。目标具有挑战性才能激发团队更大的能量与潜力，制订一个轻松就能达成的目标对公司、对团队都是不负责任的，花了很多费用设计一个活动如果只是为了吸引 30 位粉丝，相信你的老板一定会暴跳如雷。

（4）相关的（relevant）。目标必须与所在岗位有相关性。社会化媒体团队如果制订一个改善财务报销流程的目标就跑题了，这个目标与社会化媒体团队的岗位职责基本没有关系。

（5）有时效性的（timebound）。在制定营销活动的目标时，时间限制也应该是考虑的因素之一。一个好的目标需要能够被分解到不同的阶段，并且在每个阶段都有具体的时间限制。例如，如果一个营销活动的目标是在启动后的三个月内访问量超过一百万，那么这个目标可以被分解为不同的阶段。在预热阶段，目标可能是吸引十万的访问量，在活动的第一波之后的一个月内预计吸引三十万的访问量。这样的时间限制可以让团队更好地掌握进度，了解目标完成的进展情况。

时间限制也可以帮助团队更好地规划资源和时间。在制定营销活动目标时，团队需要考虑执行目标所需要的资源和时间。如果目标需要花费团队大量的精力和时间才能完成，甚至会影响到团队执行活动本身，这个目标就得不偿失了。因此，在制定目标时，团队需要权衡指标的制订和收集所需要的精力，确保目标的时间限制合理，能够被团队有效地完成。

2. 开发故事或体验

如今的用户越来越容易受到大量信息的影响，如果你的活动不能在短时间内吸引到用户的注意力，那基本上就没戏了。用户需要知道你的产品对他的价值，而营销者要做的就是把这个价值植入商业故事中，这个故事讲得是否成功，是否具有温度和情怀也就基本决定了营销活动是否有取得成功的潜力。要讲好一个故事需要多方面的因素，对产品的理解、营销者的体验和积累、营销者的天赋等，不过也有些小贴士可以分享。

（1）心中有用户。对于用户来说，他们希望的不仅是一个好的产品，更是一个能够与他们产生情感共鸣的故事。因此，企业在设计产品故事时，需要把用户放在心中，思考如何让用户在故事中找到自己，感受到与产品相关的经历和情感。

以“维吉达尼”这家维吾尔族天然农产品销售的小店为例，他们通过传递每个果子背后的辛勤种植故事，引起了用户对勤劳与淳朴的最朴实情绪。在这个故事中，用户可以看到自己在追求健康和有机食品的同时，也在支持和认可勤劳的生产者。

（2）故事要有利益点。故事营销在现代商业中越来越受到重视，因为它是一种非常有效的品牌推广方式。客户最关注故事的部分，因为故事可以让他们更容易地与品牌产生情感共鸣和联想。

一个好的故事应该有一个吸引人的背景故事和感人的情节，这些元素可以帮助品牌与观众建立情感联系。英国百货公司 Sainsbury 在圣诞节前夕发布的广告就是一个很好的例子。这个广告以第一次世界大战期间真实发生的“圣诞停火”为背景，讲述了在西部战线的大部分德军与英军停止战争，互祝圣诞快乐并打起足球友谊赛的故事。

这个广告非常成功，因为它不仅传递了一个温馨感人的故事，还成功地将 Sainsbury 品牌与这个故事联系在一起，创造了观众与品牌之间的情感共鸣。Sainsbury 公司挖掘并拍摄了这个温馨的故事，成功地塑造了一个难得的品牌体验，并将圣诞节的温馨与其百货公司在用户心中创造了联系。

因此，企业应该注重故事营销，并且要挖掘并创造与品牌相关的故事，以便与观众建立情感联系和提高品牌的知名度和忠诚度。故事营销可以帮助企业在激烈的市场竞争中脱颖而出，并赢得客户的信任和支持。

（3）故事要原汁原味。做产品首先需要的是真诚，不要抄袭别人的故事。只要用心，开发属于自己的故事并不难，例如从产品研发的过程、营销团队背后的努力、产品与用户之间的互动经历等都能挖掘出无数有价值的故事，也只有用心开发出来的故事才能真正的打动用户。

（4）故事要简洁。故事要在可读性原则的前提下做到简洁至极，用户不会愿意去聆听冗长的讲述，好的故事编剧能做到每句话都有点，每张图都有故事。

（5）分享。做好了前面的就具备了分享的基础，在所有可以分享的地方为粉丝添加上分享到目标社会化媒体平台，如到微信等的分享按钮。

3. 制订用户行动计划

社会化营销很重要的一点是让用户参与进来，用户行动计划由营销活动的时间长度和复杂性来决定，每个营销活动都有自己独特的内容和设计，不过有些共通的方法值得参考。

（1）清晰的指令。在任何一项活动中，我们都需要清晰的指令来引导用户采取特定的行动。无论是注册、购买、分享还是评论等，只有通过指令清晰明了地告诉用户需要做什么，才能引导他们进入正确的流程，达到我们预期的目标。

要做到这一点，我们首先需要确定活动期待用户采取的具体行动。例如，如果我们希望用户参加某项活动并注册账号，那么在整个活动过程中，我们都需要将注册流程对用户清晰可见，避免过多的干扰和转移，保持专注和简洁。

其次，我们需要在指令中使用明确的语言和动作，例如“现在注册”“点击此处购买”“分享此活动到你的社交媒体平台”等，直接有效地引导用户采取特定的行动。

此外，在指令中可以使用强调和提示等手段，使指令更加醒目和吸引人。例如，可以使用大号字体、醒目颜色、加粗、斜体等方式突出指令，吸引用户的注意力。

最后，我们需要在整个活动过程中不断强调和提醒用户采取特定的行动，例如在页面上设置倒计时、在邮件中添加提醒等方式，让用户时刻保持意识和行动。这样一来，不仅能引导用户完成特定的行动，也能增强用户的参与感和体验感，提升活动效果和效益。

（2）话题。现在的社交媒体平台已经成为企业和品牌宣传的重要渠道。而话题营销则是其中的一种高效的宣传手段。通过利用井号标签（#）来创建话题，可以有效地吸引用户的注意力，增加品牌曝光率和互动率。

潘婷的案例就很好地诠释了话题营销的威力。利用多个有创意的井号标签（#），成功地创建了有趣的话题，并吸引了大量的用户参与。同时，在话题主页下可以清晰地看到与话题相关的数据，这也让潘婷更好地了解了用户的需求和想法。

话题营销的优点在于它可以非常自然地让用户与品牌产生互动，同时也可以让品牌更好地了解用户的需求和想法。通过井号标签（#）创建话题，不仅可以让品牌的宣传更加有趣和有创意，也可以让品牌更好地与用户互动。但是话题营销也需要注意，要确保话题本身与品牌的形象和定位相符，同时需要注意避免过度营销和刻意制造话题。

（3）众包。互联网的开放性使得创新成为可能，而众包正是其中的一种形式。众包即是通过向广大群众征集意见或信息来解决问题或完成任务。在营销领域，众包被广泛应用于内容的创意和制作。

对于小企业来说，他们往往没有足够的资源和资金来创造吸引人的内容，但是他们可以通过众包来收集用户的想法，让用户帮助他们创造内容。比如，可以在社交媒体上发起问卷调查或者直接向用户征集创意，以吸引用户的参与并收集他们的反馈和建议。

而对于大企业来说，由于大企业常常沉迷于自己的想法和思路，难以推陈出新。众包则可以帮助他们从用户的角度出发，从而提升产品和服务的质量。比如，可以组织用户体验测试，收集用户的反馈和建议，然后将这些信息应用到产品设计中，从而提高产品的市场竞争力。

除了从用户角度出发来创造内容，众包还可以通过比赛的形式来吸引用户的参与。通过这种方式，不仅可以获得许多优秀的创意，还可以增加用户的参与度，提升品牌知名度。比如，可以组织用户参与产品的命名比赛，让用户为产品取个响亮的名字，以增加产品的知名度和市场影响力。

4. 制订内容计划

在当今互联网时代，内容营销的重要性已经不言而喻，因此，规划好内容计划对于企业来说显得尤为关键。虽然实时营销已经成为一种趋势，但仍需要对活动的发布内容、渠道和时间做好规划。

为了更好地规划内容计划，一种比较好的方法是通过思维导图来梳理蓝图，这样可以清晰地掌握整个计划的内容和流程。首先，画一个大圆圈，圆圈里是活动的主题；然后，在中央圆圈周围可以画出与之相关的内容圆圈，如覆盖的社交媒体平台，具体计划在每个平台上发布的内容细节等。这种方法可以帮助企业更好地理清活动计划的全貌，规划好需要发布的内容以及发布的时间和渠道。

当然，规划好内容计划只是第一步，企业还需要根据用户在活动过程中的反馈和评论等，有机地组织下一步需要发布的内容。通过及时跟踪用户的反馈和评论，企业可以针对用户的需求和反馈，及时发布更有针对性的内容，进一步增加用户的黏性和参与度。

在内容营销时代，规划好内容计划、发布内容和跟踪用户反馈，将是企业成功的重要组成部分。只有不断学习和实践，才能更好地掌握内容营销的精髓，实现营销目标的同时增加用户满意度和品牌忠诚度。

5. 创造影响力

传统的营销方式主要关注于单独用户，而社会化媒体营销则需要更多地考虑到分享和影响因素。

社会化营销需要同时完成两个目标，一是吸引活动目标客户参与到活动中来，二是设计活动能够让客户分享和与他人谈论相关话题。分享是社会化平台最重要的特征，设计的活动要能够让分享者感受到价值，这种价值可以是有形的，比如分享到一定次数可以获得产品折扣，也可以是无形的，如活动勋章。通过分享和参与活动，用户可以提高在朋友圈的影响力，成为品牌的布道者，进而为企业带来更多的价值。

要实现社会化营销的成功，需要从活动的设计、推广、执行、监测等方面全面考虑。具体的营销策略需要因不同的平台和目标用户而异。例如，在微信公众号平台上，可以开展抽奖、答题等互动活动，同时需要适当地宣传和推广，引导用户积极参与。在社交媒体平台上，可以利用各种社交特性，如标签、@ 符号等，扩大活动传播范围，吸引更多的用户参与。

综上所述，社会化营销已成为企业营销的重要方式，需要全面考虑用户分享和影响因素，通过合适的活动设计和推广策略，吸引用户参与和分享，最终实现营销的目标。

6. 创建合作关系

社交媒体平台上的营销往往需要和多方合作才能获得成功。与社交媒体平台合作是成功的关键之一，营销者需要了解每个平台的政策要求并与平台建立良好的合作关系，以便更好地利用平台提供的资源和工具来推广品牌和产品。例如，与微博、微信等社交媒体平台的合作可以通过开发精准投放广告、利用平台的流量入口等方式来提升品牌曝光度和转化率。

除了社交媒体平台，与名人、明星、社会组织等合作也可以为营销活动带来更多的价值。与名人或明星合作可以利用他们的影响力和粉丝群体，提高品牌的知名度和美誉度。与社会组织合作可以通过公益活动等方式，赢得公众的好感和支持，提升品牌形象。

此外，建立和运用合作关系不仅仅是为了营销活动的成功，还可以为所有合作伙伴创造更多的价值。例如，与社会组织合作可以为社会公益事业做出贡献，赢得公众的信任和支持。与名人、明星合作可以为他们提供更多的曝光机会和商业机会。这种合作模式是双赢的，可以帮助营销者与各方建立长期合作关系，创造更多的商业价值。

7. 追踪结果

社会化媒体营销活动的成功与否，需要建立合适的指标体系来进行评价。为了确保活动的成功，营销者在活动开始之前必须清楚地定义活动的目标，并制定相关的衡量指标。这些指标应该和活动的受众和平台相结合，以确保最大限度地衡量活动的成功。

在制定衡量指标时，必须考虑到具体的活动目的。例如，如果活动的目的是提高品牌知名度，那么指标可以包括在社交媒体上的品牌关注度、帖子分享量、网站流量等。如果活动的目标是提高销售量，那么指标可以包括网站的转化率、订单量等。指标的设定应该具有可操作性，而且需要随着活动的进行调整。

在活动开始之前，了解受众行为的基线也是非常重要的。这些基线可以包括粉丝数、粉丝访问你网站的频度、社交媒体的参与度等。这些基线数据可以作为比较基准，用于评估活动的成功度。同时，可以使用分析工具来监测活动的运行情况，以及衡量受众的反应和参与度。

第三节　微信营销模式

一、微信的特点

微信是腾讯公司于 2011 年初推出的一款快速发送图片和文字、支持多人语音对讲的即时语音通信软件，海外版本为 WeChat。微信的操作十分简便，用户可以通过手机、平板、网页等，快速发送图片、文字、语音和视频。微信的诞生，使人们可以随时随地进行交流，真正突破了地域的限制和平台的界限。

微信的出现，可谓是颠覆式的创新。相比传统的手机电话、短信等，微信更加新潮、便捷。相比微博，微信更为私密，安全。相比 QQ，微信更省流量，交流更加即时。总体而言，微信作为一种超强的社交媒体，具有下面三个特点。

1.跨平台，交流无障碍

微信的跨平台特性使得用户能够在不同的操作系统和设备上随时随地使用微信进行交流，不会受限于手机系统或者网络的限制。这意味着，无论你使用的是苹果手机、安卓手机，还是使用电脑或平板，都可以通过微信与好友或家人保持联系。这种跨平台的特性使得微信成为人们生活中必不可少的一部分。

微信不仅支持文字、图片、语音等多种通信方式，同时还支持视频聊天和群聊等功能，使得交流变得更加丰富多彩。在微信群聊中，用户可以方便地与朋友、同事、家人分享信息，讨论问题，从而增进彼此的了解和沟通。微信的交流方式简单直接，非常方便，可以说是一种十分高效的社交工具。

2.亲密交流，轻松安全

微信是一款深受人们喜爱的社交工具，它的特点之一就是亲密交流。相比于其他社交平台上的广播式交流，微信提供了一种更为私密的交流方式，用户可以在其中与亲朋好友进行一对一的聊天。这种交流方式更为真实、自然，能够更加贴近人们的生活，让人们感到更加舒适和放松。

在微信上，用户可以分享自己的生活、情感、思考等，也可以关注好友的动态，了解彼此的情况。这种交流方式能够让人们更好地理解彼此，建立起更加紧密的关系。同时，微信上还有许多有趣的功能，例如表情包、语音消息、视频通话等，让交流更加丰富多彩。

除了亲密交流，微信的安全性也是其一大特点。微信支持多种安全验证方式，例如密码和指纹识别等，确保用户的信息和隐私得到保护。此外，微信还对恶意软件和垃圾信息进行了有效的屏蔽和过滤，为用户提供了一个安全、可信的社交平台。这样的保障让人们可以放心地在微信上交流和分享，享受轻松自在的社交体验。

总的来说，微信的亲密交流和安全性是其得到广泛认可和使用的重要原因。通过微信，人们能够建立更加真实、自然的关系，并且享受到一个安全、可靠的社交平台所带来的便利和愉悦。

3. 省流量、省钱更省心

相较于传统的电话通话，微信语音对讲虽然在时间上有所滞后，但其费用上优势显著。微信作为一款社交软件，不仅不需要额外支付通话费用，而且其流量费用也极低。因此，微信的直接语音对讲对大家更有吸引力。此外，相较于其他社交工具如微博、QQ 等，微信没有好友在线状态、QQ 空间动态等信息，同时上传的音视频、图文也都经过优化处理，因此其运行所需的流量也更少。据统计，微信后台运行只消耗约 2.4K/h，而 1M 流量可发约 1 000 条文字信息、1 000 秒语音信息，约 1 分钟视频信息。因此，用户无须担心使用微信会耗费大量金钱，即使在没有 Wi-Fi 的情况下也不必担心其会耗掉手机里仅有的流量。

不仅如此，微信还更加灵活、智能。微信支持“微信公共平台”和“微信支付”等功能，用户不仅可以实现社交通信的便利，还可以通过微信支付方便地进行电商交易、缴纳水电费等各种生活服务。此外，微信还支持“微信小程序”，用户可以直接在微信内部完成各种功能操作，无须下载其他 APP，从而大大减少了手机的负担和流量消耗。

总的来说，微信的省流量、省钱更省心的特点，为用户提供了一个方便、经济、安全、智能的社交平台。无论是在沟通交流还是生活服务方面，微信都是一种非常值得信赖和推荐的社交工具。

二、微信的价值及优势

21 世纪的营销必然与数字化、网络化息息相关。在这个时时刻刻都在变化的时代，忽视新兴科技很容易在竞争中被超越，放弃网络营销则等于放弃企业未来。微信作为当下的时代宠儿，其商业价值已经不可估量。伴随着微信的出现而诞生的微信营销，也具有商战时代不容错过的营销优势。

1. 微信营销的价值

继微博营销后，微信营销凭借其更强的黏性和更精准的目标定位很快成为企业进行营销的新宠。如今微信的价值已远远超出个人之间的沟通。微信作为时下最热门的社交信息平台，也是移动端的一大入口，正在演变成为一大商业交易平台，其对营销行业带来的颠覆性变化开始显现。不断攀升的微信用户、逐步开放的公众平台、无微不至的功能、步到位的精准定位，微信营销的价值不可估量。

（1）10 亿潜在用户，营销价值不断攀升。截至 2022 年，微信月活跃用户达到了 12.2 亿，日活跃用户超过 6 亿，这些用户中既有年轻的大学生，也有年迈的老年人。可以说微信的用户涵盖了各个年龄段的人群，也包括了从城市到乡村各个地区的用户。这样的用户规模为企业提供了一个庞大的市场，使得微信营销价值不断攀升。

（2）购买力强的用户群。微信用户的消费能力相对较高，而且他们更容易受到社交圈子中的影响。据统计，微信上的用户中，有 70% 的人曾通过微信进行过在线购物。可以看出，微信上的用户具有很强的购买力，对于企业来说，这是一个巨大的商机。

（3）日益完善的功能服务。随着微信不断升级更新，它提供的服务也日益完善，例如：微信公众号、小程序等，这些服务可以帮助企业与客户更好地进行互动，更好地传达企业的品牌价值和产品信息。在这样一个社交化的平台上，企业可以通过多种方式与用户进行交流，了解他们的需求和反馈，同时也能够更好地进行品牌塑造和推广。

2. 微信营销的优势

微信开启了新的营销时代，微信自身的每一种功能，都可以是其在商业交战中的营销利器。把握好微信营销的优势，才能赢在营销起跑线上。相较于其他社交媒体，微信营销的优势十分明显。

（1）成本低廉、方式多样。微信营销的一大优势就是成本低廉。相较于传统的广告宣传，微信营销可以在成本上大幅度降低。微信公众号、小程序等功能的开发和运营都比较便捷，只需要一些基础的编程技能即可实现。同时，微信营销的方式也非常多样，比如可以通过公众号推送、小程序引流等多种渠道进行推广，满足不同客户的需求。

如此免费、价格低廉又资源丰富的社交软件，其营销价值自然也提升不少。此外，相比单一的传统营销方式，微信的营销方式则更加多元、丰富。

微信通信支持文字、语音以及混合文本编辑，一般大众账号以及普通的公众账号可以群发文字、图片、语音三个类的内容。而认证的账号则拥有更高的权限，不仅能推送单条图文信息，还能推送专题信息。多元化的营销方式使营销活动变得更生动、更有趣，更利于营销活动的开展。与此同时，微信营销有着漂流瓶、位置签名、二维码、开放平台、朋友圈、微信公众平台等营销模式，这些营销模式各有其特点，企业可以针对不同的营销目的选择不同的模式组合。

（2）精准营销、互动性高。微信营销的另一大优势就是精准营销，通过微信的大数据分析，可以更好地了解用户的消费习惯、兴趣爱好等信息，从而精准投放广告和营销策略。微信还提供了多种互动方式，例如关注公众号、参与活动等，增强了用户与企业之间的互动性，促进了销售和客户关系的建立。

（3）三高的信息尺度。微信信息传递的三个优势是高到达率、高曝光率、高接受率，这就是所谓的三高的信息尺度。在微信中，企业可以通过微信公众号、小程序等平台发布各种形式的营销信息，无论是文字、图片、音频还是视频，都可以轻松地传递给用户。由于微信的活跃用户数众多，所以信息的到达率非常高；而在微信中，用户不仅可以通过朋友圈等途径获取信息，还可以通过搜索、关注公众号等方式获取信息，因此信息的曝光率也非常高；由于微信用户对微信公众号和朋友圈等内容的接受度非常高，所以信息的接受率也非常高。

（三）微信营销策略

如今，微信已经成为人们生活中不可或缺的一部分，从聊天到创业赚钱，微信已经融入了人们的日常生活。随着微信时代的来临，微商营销的时代也随之催生。不管是团体、组织还是个人，都可以通过微信营销来推广自身的产品或品牌。但是，在开展微信营销时，需要注意以下几个方面。

1.对目标群体准确定位

企业要知道，一个高质量的粉丝才具有价值。不同的行业、不同的企业或个人经营的产品不一样，因此它们所要服务的对象也不一样。对于企业、商家来说，根据商业目标、产品特色或者经营模式来定位粉丝是很有必要的。因为企业的最终目的是营销，如果没有对目标群体有一个准确的定位，那么吸引过来的粉丝很有可能都是一些“僵尸粉”。

在微信营销中，精准定位粉丝群体是非常重要的。如果粉丝定位准确，那么企业在运营过程中就能够明确每一次沟通、互动、推送的对象是谁，并且了解他们的需求。而精准是基于对客户的准确把握，所以要做好微信营销，挖掘精准客户是关键。

企业要清楚自己的商业目标和产品特色。比如苏宁易购，其经营的方向主要是电子电器之类的产品，因此它的目标用户群是知识分子、上班族、家庭主妇或者对电子产品需求较大的电器商等。企业需要针对自己的产品和服务，明确自己的目标用户，才能更好地进行精准定位。

企业需要对微信粉丝进行分类，可以根据性别、年龄、职业、地域等方面进行分类。这样可以更好地了解粉丝的需求和兴趣，制定更加精准的营销策略。

企业需要不断地进行精准定位和分析，了解不同类型的粉丝的反应和需求，不断优化自己的营销策略。只有精准地了解目标客户，才能更好地实现微信营销的目标，吸引更多高质量的粉丝，为企业的发展带来更大价值。

（1）利用 QQ 挖掘用户。QQ 是一个庞大的社交网络，可以通过 QQ 群、QQ 空间、QQ 好友等途径挖掘目标客户。通过加入相关行业的 QQ 群，可以获取一些目标客户的信息。企业可以根据这些信息来调整营销策略。

（2）通过微博群、行业网站及论坛用户导入。这微博、行业网站及论坛等都是企业寻找目标客户的好地方。在这些平台上，企业可以通过发布相关信息来吸引目标客户，并与他们建立联系。通过这些平台的互动，企业可以更好地了解目标客户的需求和偏好。

（3）做好精准营销客户管理系统。企业可以建立一个客户管理系统，对不同的客户进行分类、归档和跟踪，这样可以更好地掌握客户的信息和动态，及时了解客户的需求和反馈，为后续的营销活动提供支持。

2. 朋友圈营销

发朋友圈时要注意以下几个方面。

一是发图的技巧。在朋友圈营销中，发图技巧是非常重要的一点。很多人都有轻微的“强迫症”，看到朋友圈发图有空白的位置就会感到不舒服，商家发图片的时候，最好不要留空白，要么发 1 张，要么发 3 张、6 张，这样的版式看起来更舒服，而如果发 5、7、8 张图，则会让一些有“强迫症”的人感到非常难受。要选择高质量的图片。朋友圈中的图片必须是高质量的，因为一张好的图片能够吸引用户的注意力，引发他们的兴趣。可以选择清晰度高的图片或自行编辑。另外要利用滤镜和工具。微信自带滤镜和工具可以使图片更加美观，更好地表达产品或服务的特点。如果企业拥有自己的设计师或者创意团队，也可以使用他们的专业技能来制作更为出色的图片。其次要注重图片大小。要注意图片的大小，以保证用户在查看图片时不会因为过大而耗费过多的流量，或者因为过小而无法清晰地看到细节。最后要配合文案。发图要与文案相配合，图文并茂更能够吸引用户的注意力，增加阅读的兴趣，提高阅读的质量。

二是内容不宜过长。在朋友圈营销中，短小精悍的内容更受用户欢迎。如果内容太长，用户可能会失去耐心，从而无法有效地传达产品或服务的信息。在内容上，要注重简洁明了，突出重点，让用户能够快速了解产品或服务的特点。

三是通过评论传递信息。在朋友圈中，可以通过评论的方式向用户传递更多的信息。例如，如果用户对某个产品或服务提出了疑问，可以通过评论的方式解答他们的问题。同时，在评论中也可以适当地推广产品或服务，但要注意不要过度宣传，否则可能会引起用户的反感。

有的人说，评论有定向隐藏功能，即评论只有部分人能看到，其他人看不到。但事实上，自己给自己评论是没有定向隐藏功能的，也就是说微信里所有好友都能看到这条评论内容，因此微信营销人不需要有什么顾虑。

四是少发硬性广告。在朋友圈里，人们最受不了的就是一天到晚发广告的微信营销者，尤其是一些没有内容又枯燥无味的广告。在朋友圈中，用户更喜欢看到有趣或有价值的内容，而不是单调的广告信息。因此，在朋友圈营销中，应该尽量减少硬性广告的推送，而是注重创意和内容的质量，让用户感受到企业的用心和价值。

3. 创意内容营销

做微信营销，最好为用户提供实用性的知识，同时在满足受众的需求之外，还要开发有创意的文案。可以是结合网络用语加上搞笑的图片，也可以文字诙谐成趣，结合热点来进行诠释，还可以添加一些有趣的小游戏，或者猜谜发红包等，以此来吸引用户的眼球，形成互动。如果品牌长时间不与受众沟通或互动，也会有被取消关注的可能。所以，企业必须努力推送“完美”的内容，这里的“完美”主要体现在质、量以及形式等方面。

（1）质的完美。被认证的公众账号每天只能群发三条信息，这有限的机会需要被用于传达高质量的内容，而非过多的推销广告。重要的是与受众保持互动，建立起品牌和受众之间的情感联系，使账号成为一个富有吸引力的信息发布媒介，而非单纯的广告传播平台。因此，在推送信息时，企业需要注重信息的质量，使其易于阅读、有趣味性，并在语言、表情符号等方面注入创意元素，让受众愿意主动阅读信息并感到愉悦。

（2）量的完美。针对“量的完美”，企业在微信推送信息时需要注意适度，不能“轰炸式”的推送。虽然企业需要向其粉丝推送产品和活动信息，但频繁的推送容易引起受众的反感，甚至会让他们取消关注企业官方微信。因此，企业需要控制推送信息的频率，保持适当的活跃度，一般来说，每两三天推送一次信息即可。

此外，在控制信息推送频率的同时，企业还需要关注信息推送的时机。根据不同的行业和产品，选择合适的时间推送信息可以增加信息的到达率和转化率。比如，企业可以针对不同时间段的用户特征和需求，选择合适的时间推送信息，比如在下班后或周末时间段，用户空闲时间较多，更容易关注和接收信息。

当然，在控制信息推送的数量和时机的同时，企业还需要注重信息质量。信息的质量是营销成功的重要因素之一。在信息推送过程中，要注意信息的准确性、可靠性和专业性，避免发布虚假信息或低质量的内容，否则会影响企业形象和受众信任。

（3）形式的完美。就“形式的完美”而言，信息推送的形式也会影响用户的接受程度。企业应该在推送信息时努力使其形式多样化，让用户体会到不同的乐趣，从而增强对品牌的忠诚度。以星巴克（中国）的公众账号为例，他们在推送的内容上设置了新品、杯子、星享卡、美食等选项，供不同口味的人选择，回复不同的代码会得到相应的答复。这种互动形式不仅拉近了品牌与受众的距离，而且可以通过回复的内容更加精确地了解受众的兴趣所在。通过这样的形式，品牌可以更好地了解受众的需求和口味，从而更好地为其提供优质的服务。

4.塑造“服务”形象

微信营销是企业获取用户的重要途径之一，而做好微信营销的关键是“做好服务”。微信作为一种强关系的通信工具，其到达率高、受众忠诚度高、转化率也高，但也正是因为这种强关系，企业必须非常小心谨慎地对待用户。

如果企业只是一味地把用户当成盈利的“靶子”，就很容易造成用户反感，取消对公众账号的关注。因此，企业必须注重服务质量，尤其是微信客服的亲和力和耐心。客户与企业的交流具有私密性，就导致同一时间可能有多位客户与企业客服进行沟通，企业客服应耐心、详细地回答每一位客户的问题并为之提供相关的建议。

同时，企业也应该关注微信营销的量、质和形式的完美。企业应该减少广告的硬推送，更多地与受众保持一种联系，培养受众对品牌的情感。在推送信息时，企业应该注重信息的可读性和趣味性，让受众有兴趣读取信息，让他们将读取推送信息作为一种享受。此外，企业推送信息的频率为两三天一次为宜，尽量保持适当的活跃度。

5.利用定位功能

一是依据地理位置推送信息。通过微信定位功能，企业可以识别用户的位置信息，以此为依据向用户推送相关的信息。比如，当用户在某一地点附近时，企业可以向用户推送该地点的促销信息、优惠券等，吸引用户前往参与活动，提高用户的消费意愿和忠诚度。二是定向推送广告。企业可以通过微信的定位功能将广告信息发送到用户所在的区域，将广告目标定位于有意向的消费者，提高广告的效果和点击率。例如，某个品牌可以通过微信的定位功能，将推送信息定向于该品牌的目标用户所在的商圈，以此提高品牌在目标消费者中的知名度和认知度。三是依据位置信息定制服务。通过微信的定位功能，企业可以对不同地区的用户推出不同的服务。比如，不同地区的用户对某种产品或服务的需求程度有所不同，企业可以根据用户的位置信息，定制不同的服务方案，提高服务的个性化和针对性。四是利用 LBS（location based service）和 O2O（online to offline）模式。利用微信的定位功能，企业可以在线上和线下实现互动营销，将线下的推广活动和线上的服务结合起来，提高营销效果。例如，在用户附近的商圈中开展营销活动，并通过微信向用户推送相关信息，吸引用户前来参加活动。这种 LBS 和 O2O 的结合，可以为企业带来更多的机会和营销价值。

第四节　微博营销模式

一、微博的优势

1. 巨大的用户基础

截至 2021 年，微博已经拥有超过 5 亿的注册用户，其中活跃用户超过 3 亿。这个庞大的用户基础为企业进行微博营销提供了广阔的市场。

2. 高度的互动性

微博作为社交媒体平台，拥有高度的互动性。用户可以通过微博评论、转发、点赞等互动形式与其他用户交流，这种互动性为企业与用户之间的交流和互动提供了便利。

3. 流量高、传播快

微博信息传播速度快、流量大，可以快速传达企业推广信息。同时，由于微博具有强大的分享功能，用户可以通过转发、评论等方式将信息传播给更多的人，进一步扩大信息的传播范围。

4. 精准的用户定位

微博的用户画像非常丰富，通过微博广告和营销活动，企业可以根据用户的性别、年龄、兴趣等精准定位目标受众，提高营销效果。

二、微博营销的策略

1. 互动营销策略

互动营销是微博营销的重要策略之一，通过开展各种形式的互动活动吸引用户参与，达到品牌宣传和推广的目的。比如企业可以组织微博话题互动、投票互动、抽奖互动等活动，吸引用户参与互动，并在互动中传播品牌信息。

互动营销的优势在于可以让用户主动参与，从而增强品牌的影响力和用户黏性。同时，通过互动营销活动，企业可以更加深入地了解用户需求，为企业的产品和服务提供改进和升级的方向。

2. 情感营销策略

微博的情感营销策略，指的是品牌利用微博平台传递情感信息，通过引发用户共鸣和情感反应，达到推广品牌的目的。在情感营销中，品牌需要与用户建立情感联系，以获取用户的信任和认可。

下面介绍几种情感营销策略：

（1）品牌故事营销策略。品牌故事是指品牌以情节为基础，通过讲述品牌的历史、文化、理念等内容，展现品牌形象和价值观。品牌故事营销策略可以让用户更好地了解品牌，增加品牌的亲和力和情感认同度。在微博平台上，品牌可以通过图文并茂、视频、动画等形式，讲述品牌故事，引发用户的情感共鸣，提高品牌知名度和美誉度。

（2）用户故事营销策略。用户故事营销策略是指品牌以用户为主角，通过讲述用户的真实故事，来展示品牌的产品和服务的好处。用户故事营销策略可以带给用户真实感受和情感体验，引起用户的共鸣，加强品牌与用户的情感联系。

（3）情感化产品设计策略。情感化产品设计策略是指品牌通过对产品的设计和功能进行情感化处理，使产品更具亲和力和情感吸引力。在微博平台上，品牌可以通过图文并茂、视频、动画等形式，展示情感化产品设计，让用户产生情感共鸣，提高用户对产品的认可度和喜爱度。

（4）品牌情感化形象策略。品牌情感化形象策略是指品牌在形象设计和营销传播中注入情感元素，增加品牌的情感感染力和影响力。在微博平台上，品牌可以通过有趣、温馨、感人等形式，表现品牌情感化形象，吸引用户的注意力和情感共鸣，提高品牌美誉度和忠诚度。

（5）情感化服务体验策略。情感化服务体验策略是指品牌通过对服务体验的情感化处理，增加用户对品牌的认可度和忠诚度。在微博平台上，品牌可以通过客户反馈、用户评价等方式，了解用户需求和感受，及时进行情感化服务体验，给用户最佳的感受。

3. 整合营销传播策略

整合营销传播策略是指将不同的传播渠道和媒体进行有机结合，以提升品牌的传播效果和营销效果。微博作为一种社交媒体平台，具有分享、互动、传播等特点，非常适合整合营销传播策略的实施。

在微博营销中，整合传播策略可以采用以下措施。

（1）微博官方账号与自媒体账号合作。通过与知名自媒体账号合作，可以借助自媒体的流量和影响力来扩大品牌的曝光率和传播范围。

（2）微博＋线下活动。通过微博预热和宣传线下活动，吸引更多的参与者和观众。同时，在线下活动中设置微博互动环节，通过微博话题、签到等形式增加用户参与度和互动性。

（3）微博广告＋微博内容。在微博营销中，可以通过微博广告来推广品牌和产品，同时通过优质的微博内容来吸引更多的关注和粉丝。微博广告的形式包括品牌推广、关键词推广、微博直播等。

（4）微博＋微信＋短信。整合微博、微信、短信等传播媒介，可以更全面的覆盖用户，提高品牌的曝光率和传播效果。例如，通过微博推广活动，引导用户关注微信公众号，再通过微信公众号推送营销信息，最终通过短信通知用户活动时间和地点等。

4. 优质内容策略

优质内容是吸引粉丝、增加转发的关键。微博是一个以内容为驱动的平台，因此，企业在微博上必须重视内容的质量和创意。好的内容能够提高企业的形象、增加用户黏性和推广效果，让用户对品牌产生认同感。

在制作内容时，企业需要考虑受众的需求和兴趣。不同的用户群体对内容的需求和偏好不同，因此，企业需要制定不同的内容策略，从而满足不同用户的需求。此外，企业还需要关注微博的热点话题和热门事件，及时制作相关内容，并通过相关标签进行推广。

好的内容可以采用多种形式，如图片、文字、视频等。图片和视频是吸引用户注意力的重要手段，可以制作一些有趣的、富有创意的图片或视频，来吸引用户的关注和转发。此外，企业还可以通过文字形式来推广内容，如精美的文章、有趣的小说、独特的观点等，这些内容需要具有一定的独特性和吸引力，从而引起用户的关注和兴趣。

此外，企业还需要关注内容的时效性和更新频率。好的内容不仅需要时效性，还需要经常更新。如果企业长期不更新内容，用户很容易失去兴趣和关注，这会对企业的形象和推广效果产生负面影响。

5. 意见领袖策略

意见领袖是指对某个领域或话题有着高度关注和认可的人，其所发表的言论和看法对其粉丝和关注者有较大的影响力。利用意见领袖的影响力，是微博营销中常用的策略之一。

（1）企业需要确定与自己品牌或产品相关的意见领袖。这些意见领袖应当与企业的定位、目标受众和品牌形象相符合。例如，如果一家化妆品公司想要通过意见领袖策略来宣传新品，那么它应该找到那些在美妆领域有影响力、有一定受众群体的意见领袖。

（2）企业需要与意见领袖建立联系。可以通过微博私信、邮件、电话等方式，向意见领袖介绍自己的品牌或产品，并邀请他们参与品牌宣传活动。在与意见领袖建立联系时，企业需要注意以下几点：

一是尊重意见领袖的意见和决定，不要强行要求他们为品牌宣传；二是向意见领袖提供充分的信息和资料，让他们对品牌或产品有更深入的了解；三是确定好宣传内容和方式，不要让意见领袖产生不必要的困惑或误解。

（3）企业需要与意见领袖合作，共同推广品牌或产品。可以通过让意见领袖试用产品、发布产品评测、参与线上活动等方式，让他们与自己的粉丝分享品牌或产品的信息和体验。在意见领袖合作的过程中，企业需要注意以下几点。

一是给予意见领袖足够的自由度，让他们可以根据自己的风格和喜好，发表符合品牌形象和目标受众的内容；二是给予意见领袖一定的回报和奖励，以表彰他们为品牌宣传所做出的贡献；三是与意见领袖保持良好的沟通和合作关系，及时解决合作中出现的问题或纠纷。

微博作为一个社交媒体平台，具有信息传播速度快、用户活跃度高、传播范围广等优势，是企业进行品牌营销的重要渠道之一。通过采用互动营销策略、情感营销策略、整合营销传播策略、优质内容策略和意见领袖策略等多种营销策略，可以提高品牌在微博上的曝光度、影响力和口碑，达到品牌营销的目的。在实施微博营销策略时，需要注意把握好策略的实施时机、方式和内容，保持与用户的互动和沟通，让用户产生共鸣和参与感，从而达到更好的营销效果。

第七章　多元背景下国有企业市场营销的创新模式

第一节　“互联网 +”背景下国有企业市场营销模式

如今，随着互联网技术的快速发展和普及，越来越多的企业开始将“互联网 +”应用于其市场营销管理。这种新的市场营销方式具有诸多特点和优势，但也面临着许多挑战和机遇。本节将深入探讨“互联网 +”下企业市场营销管理的特点、机遇和挑战以及创新策略。

一、“互联网 +”背景下企业市场营销管理的特点

在“互联网 +”时代，企业市场营销管理的特点已经发生了很大的变化。现介绍如下。

（一）市场细分

市场细分是指将一个大的市场分成若干个更小的市场，以更加精准地了解客户需求，提供更加符合客户要求的产品和服务。市场细分的目的是更好地满足客户需求，提高市场营销效率，增加企业收益。

随着信息技术的发展，市场细分的成本逐渐降低。如今，企业可以

利用各种数据分析工具，将市场分割成更小的细分市场。通过细致的市场研究和数据分析，企业可以更加精准地了解客户需求，掌握市场趋势和变化。基于这些信息，企业可以制定更加精准的营销策略，提供符合客户要求的产品和服务，从而提高销售额和市场份额。

市场细分的方法有很多种，其中最常见的方法是基于客户的特征进行划分。例如，根据客户的年龄、性别、收入、教育程度、职业等特征进行市场细分。这些特征不同的客户在购买行为和需求上有很大的差异，因此企业可以根据这些特征进行定位和营销，如针对高收入人群推出高端产品或服务，针对年轻人群推出时尚、个性化的产品或服务。

另外，企业还可以根据地理位置、文化背景、购买习惯等因素进行市场细分。例如，针对某些地区的文化特点和消费习惯，企业可以推出符合当地口味和习惯的产品和服务。这样可以更好地满足当地消费者的需求，增加市场份额。

值得注意的是，市场细分并不是越小越好。如果细分得过于细致，可能会增加企业的营销成本，降低营销效率。因此，企业需要在市场细分时权衡成本和效益，选择最合适的市场细分方式。

（二）精准营销

随着互联网技术的发展，越来越多的企业开始注重精准营销。精准营销是指通过精细的数据分析和智能化的营销手段，将产品和服务精准地推向目标客户群体，提高营销效果。互联网技术在精准营销中起着至关重要的作用。

互联网技术可以收集和分析客户数据，帮助企业更好地了解客户需求，并制定相应的营销策略。通过各种数据分析工具，企业可以收集客户的浏览记录、购买历史、搜索关键词等信息，从而了解客户的兴趣爱好、购买习惯和需求特征。

互联网技术可以通过智能化的广告投放和推广，将产品和服务更好地推向目标客户群体，提高营销效果。企业可以利用广告投放平台，根据客户的性别、年龄、兴趣爱好等特征，定向投放广告，使广告更加精准地吸引目标客户。同时，企业还可以通过社交媒体、搜索引擎优化等方式，将产品和服务推向更多的潜在客户，扩大营销覆盖面。

互联网技术还可以帮助企业实现个性化营销。个性化营销是指根据客户的不同需求和特征，为客户提供量身定制的产品和服务。互联网技术可以帮助企业收集和分析客户数据，从而实现个性化推荐、个性化定价、个性化服务等。通过个性化营销，企业可以提高客户的满意度和忠诚度，从而提高营销效果。

（三）数据驱动营销

数据驱动营销是指通过数据分析，深入了解客户需求和市场趋势，从而优化产品和服务，提高营销效果。互联网技术的发展为企业提供了更多的数据来源和数据分析工具，可以帮助企业更好地利用数据实现营销目标。

但是，数据驱动营销也存在一些挑战和风险。首先，数据安全问题需要引起重视。在收集和利用客户数据时，企业需要保护客户隐私，避免数据泄露和滥用。其次，数据分析需要专业技能和经验，企业需要拥有一支高素质的数据分析团队，才能更好地利用数据驱动营销。最后，企业需要从长远的角度考虑数据驱动营销的效果和成本，避免采用因过度依赖数据分析而忽略了人性化和情感化的营销手段。

二、“互联网+”下企业市场营销管理的机遇与挑战

（一）“互联网+”下企业市场营销管理的机遇

1.开辟新的市场空间

“互联网+”给企业带来了无限的市场空间，使企业可以更好地开拓市场，创造新的商业模式。通过互联网，企业可以打破地域限制，实现

跨地区、跨国界的市场拓展，进一步扩大市场规模。此外，互联网技术也为企业提供了更多的创新机会，可以通过创新的产品和服务，吸引更多的客户，进一步扩大市场。

2. 提高营销效率

互联网技术可以帮助企业更加精准地了解客户需求，并制定相应的营销策略，从而提高营销效率。此外，互联网技术还可以帮助企业实现营销自动化，从而降低营销成本，提高营销效率。

（二）“互联网 +”下企业市场营销管理的挑战

1. 挑战：信息安全问题

互联网技术的广泛应用，也给企业带来了很多信息安全问题。客户隐私泄露、信息窃取等问题屡屡发生，给企业带来了很大的损失。因此，企业需要加强信息安全意识，采取有效的措施保护客户信息安全，确保企业的商誉和利益不受损害。

2. 激烈的市场竞争

随着“互联网 +”的发展，市场竞争越来越激烈。各种新兴企业不断涌现，传统企业也纷纷加入“互联网 +”的大潮中。在这样的竞争环境下，企业需要不断创新，提高产品和服务的质量，这样才能够在市场竞争中脱颖而出。

三、基于“互联网 +”的企业市场营销管理的创新策略

在“互联网 +”时代，企业需要不断创新，以适应市场的变化和挑战。下面介绍一些创新策略。

（一）始终树立“互联网 +”思维

在“互联网 +”时代，企业需要始终树立“互联网 +”思维，并将其融入营销管理。这一思维的核心是以创新的方式开展营销活动，更好地

满足消费者需求，赢得市场竞争优势。

企业需要关注市场变化和趋势，及时调整营销策略，把握市场机会。在“互联网+”时代，市场变化和趋势更加快速和复杂，企业需要通过信息技术和大数据分析等手段，快速了解市场情况，及时调整营销策略，满足消费者需求，提高营销效果。

企业需要创新营销方式和手段，引领市场发展。在“互联网+”时代，传统的营销手段和方式已经不能完全适应市场需求，企业需要不断创新，引入新技术和新思维，开发新产品和服务，提高市场竞争力。

（二）搭建完整的“互联网+”信息系统平台

企业需要建立完整的“互联网+”信息系统平台，通过数据分析、智能化的广告投放和推广等手段，更加精准地了解客户需求，提高营销效率。信息系统平台应该包括消费者数据管理系统、营销活动管理系统、社交媒体管理系统、数据分析管理系统等。这些系统可以让企业更好地管理消费者数据，深入了解消费者需求，从而制定更加精准的营销策略，提高营销效果。

另外，企业可以通过建立社交媒体账号、电子商务平台等途径，拓展市场，提高销售额。在“互联网+”时代，社交媒体平台已经成为企业宣传和营销的重要渠道，企业可以通过开设微博、微信公众号、抖音账号等方式，发布产品信息、提供售后服务、开展活动等，吸引潜在客户和保持现有客户的关注度。此外，企业可以通过建立电子商务平台，将产品线上化，提高销售额，降低营销成本。

（三）创新营销管理模式

首先，个性化营销已经成为当前市场的趋势。企业需要通过对客户的数据分析，了解客户的兴趣爱好、消费习惯等信息，制定个性化营销策略。例如，对于喜欢健身的人群，企业可以推出针对健身的产品和服务，满足他们的需求。其次，内容营销也是一种创新的营销模式。企业需要通过发布优质的内容来吸引客户的关注，并且在内容中融入产品和服务的信息。例如，化妆品公司可以发布化妆技巧、护肤知识等内容，吸引顾客的注意力，提高销售额。最后，体验营销也是一种创新的营销模式。企业需要通过提供优质的服务和体验，让客户感受到品牌的价值。例如，餐厅可以通过提供温馨舒适的用餐环境、优质的服务以及口感丰富的美食，吸引客户的光顾。此外，企业之间的合作与资源共享也可以是一种创新的营销管理模式。通过合作，企业可以共同开发产品，拓展市场，降低成本，提高效率。例如，多家企业可以共同投放广告，共同承担广告费用，吸引更多客户的关注。

（四）培养“互联网 +”技术人才

在“互联网 +”时代，技术的快速发展和市场的激烈竞争使得企业必须拥有一支高素质的“互联网 +”技术人才队伍。这些人才不仅需要掌握先进的互联网技术，还需要了解市场营销的理论和实践，从而有效应对市场变化和挑战。

因此，企业需要注重人才培养。一方面，企业可以通过提高薪资待遇、提供福利、创造良好的工作氛围等方式来吸引和留住人才。另一方面，企业可以为员工提供专业的培训和学习机会，如组织内部培训、参加外部培训课程和研讨会等，让员工不断学习，从中提升自己的能力和技能。

除了注重人才培养，企业还需要及时跟进市场变化和趋势，积极引进新技术和新思想，为员工提供一个不断创新和进步的工作环境。同时，企业可以与高校和科研机构建立合作关系，共同开展研究，不断进行创新，吸引优秀的毕业生和人才加入其中。

综上所述，“互联网 +”为企业市场营销管理带来了前所未有的机遇和挑战。企业需要树立“互联网 +”思维，积极应对市场变化和挑战，通过创新营销管理模式和技术手段，提高营销效率和市场竞争力，实现企业的可持续发展。

第二节　“大数据”背景下国有企业市场营销模式

大数据作为21世纪最具价值的资源之一，已经渗透到各行各业，对传统的市场营销模式产生了深刻的影响。在大数据背景下，国有企业亟须运用大数据技术，优化市场营销策略，以提高产品和服务的竞争力，实现可持续发展。

国有企业市场营销模式的变革和创新是实现国有企业转型升级、提高经济效益的重要途径。大数据技术为国有企业提供了更加精准的市场需求信息、消费者行为数据和产业趋势分析，有助于提高市场营销效果，降低市场营销成本。因此，探讨大数据背景下国有企业市场营销模式的变革和创新具有重要的理论意义和现实价值。

一、大数据概述

（一）定义

大数据是指在传统数据处理技术难以应对的数据规模、类型和处理速度方面具有挑战性的海量、多样化和高速度数据。大数据技术能够整合消费者的消费心理和消费特征，为了在大数据背景下获得蓬勃的发展，国有企业需要牢牢地抓住时代发展机遇，结合时代发展的趋势实现企业技术模式的有效升级。例如，国有企业可以根据市场的发展方向，整合有关客户的大数据信息，然后配合现代化互联网技术，构建更加完整而准确的客户信息数据图，并且根据时代发展的方向，对客户的信息变化进行有效跟踪，及时获取最新的消息，不断改善当前的营销方案，从而在新时期获得平稳的发展。

（二）特点

1. 数据量大

大数据的首要特点是数据量大。随着互联网、物联网、移动通信等技术的普及和发展，全球数据产生和存储的速度迅猛增长。这些数据包括社交媒体内容数据、传感器数据、音视频数据、交易数据等，其规模远超过传统数据库和数据处理系统的处理能力。大数据技术发展的目的就是在庞大的数据量中挖掘出潜在价值和应用。

2. 数据多样性

大数据的另一个特点是数据类型多样。在大数据环境中，数据不仅包括结构化的数据（如关系型数据库中的数据），还包括半结构化数据（如 xml、json 等格式的数据）和非结构化数据（如文本、图片、音频、视频等）。这种多样性要求大数据处理技术具备处理不同数据类型的能力，同时需要对不同类型的数据进行关联分析，以发现其潜在的价值和信息。

3. 数据处理高速化

大数据的第三个特点是数据产生和处理的速度极快。在很多应用场景中，数据实时或准实时产生，如金融交易数据、社交媒体数据、物联网传感器数据等。同时，高速度也意味着数据具有时效性，过时的数据可能失去价值，因此大数据处理技术需要具备实时或近实时的数据处理能力。

二、大数据分析在国有企业市场营销中的运用关键点

随着大数据技术的迅速发展，越来越多的企业开始将其应用于市场营销领域。对于国有企业而言，运用大数据分析对于提高市场竞争力以及提升产品和服务品质尤为重要。下面将重点探讨大数据分析在国有企业市场营销中的运用关键点，包括产品开发、客户维护和市场调研等。

（一）产品开发

1.需求预测

通过收集和分析海量数据，大数据技术能够帮助企业准确预测市场需求，从而进行有针对性的产品开发。通过挖掘潜在消费者的行为数据，企业还可以识别新的市场趋势和机会，提前布局。

2.产品设计

基于大数据分析的消费者喜好和需求，国有企业可以在产品设计阶段进行精细化调整。通过对竞品分析、用户评论和市场调研数据的综合利用，产品设计团队可以更准确地把握消费者需求，从而优化产品设计。

3.产品定价

大数据分析可以帮助企业对产品进行合理定价。通过分析竞争对手的价格策略、市场需求和消费者敏感度等数据，企业可以找到最佳的价格平衡点，提高销售额和利润。

4.产品推广

通过对市场数据、用户画像和传播渠道的分析，国有企业可以制定出更精准的产品推广策略。借助大数据技术，企业可以实现精准营销，降低推广成本，提高市场份额。

（二）客户维护

1.个性化服务

通过对客户数据的分析，企业可以为客户提供更加个性化的服务。利用用户行为数据，企业可以精确地了解客户的喜好、需求和期望，从而提供更贴合客户需求的产品和服务。

2.客户关系管理

大数据技术可以帮助企业构建完善的客户画像，实现客户关系的深度管理。通过对客户购买行为、沟通记录和反馈信息的综合分析，企业可以更好地了解客户需求，提高客户满意度和忠诚度。

3. 客户留存和挽回

大数据分析可以帮助企业及时发现客户流失风险。通过对客户行为、消费模式和满意度等方面的数据分析，企业可以提前采取措施，增加客户留存率。此外，通过挖掘流失客户的原因，企业还可以有针对性地采取挽回策略，尽可能减少客户流失。

4. 客户价值挖掘

利用大数据分析，企业可以识别高价值客户并制定相应的增值服务和营销策略。通过对客户消费能力、购买频率和喜好等方面的深入了解，企业可以有针对性地开展营销活动，从而提高客户价值。

（三）市场调研

1. 市场趋势分析

大数据技术可以帮助企业实时追踪市场动态，及时发现市场趋势和变化。通过对海量数据的挖掘和分析，企业可以及时调整市场战略，抓住市场机遇。

2. 竞争对手分析

借助大数据分析，企业可以全面了解竞争对手的产品、价格、营销策略等信息，从而更好地制定自己的市场策略。通过对竞争对手的深入分析，企业可以发现自己的优势和劣势，找到竞争的制胜点。

3. 目标客户分析

通过对目标客户的行为数据、消费习惯和喜好等方面的分析，企业可以更精准地定位目标客户群体。这有助于企业优化营销策略，提高市场渗透率，增加市场份额。

4. 市场细分

大数据技术可以帮助企业深入了解市场细分领域的需求和变化。通过对不同市场细分的数据分析，企业可以发现新的增长点和市场机会，拓展相关业务。

三、基于大数据的国有企业市场营销模式创新

大数据时代为国有企业市场营销带来了前所未有的机遇，同时提出了更高的要求。在这个背景下，国有企业需要不断创新市场营销模式，以适应日益激烈的市场竞争。下面将更深入地探讨基于大数据的国有企业市场营销模式创新。

（一）大数据驱动的客户需求分析

国有企业应充分利用大数据技术，通过对海量客户数据的挖掘和分析，深入了解客户需求，从而制定更有针对性的市场营销策略。客户需求分析的主要内容包括以下几个方面。

（1）客户画像：通过对客户数据进行挖掘，国有企业可以构建详细的客户画像，包括客户的基本信息、消费习惯、兴趣爱好等。基于客户画像，企业可以更精准地进行目标市场划分，提高市场营销效果。

（2）客户行为分析：国有企业可以利用大数据技术对客户的浏览、点击、购买等行为数据进行实时跟踪和分析，从而预测客户需求，制定合适的营销策略。

（3）客户价值评估：通过对客户消费数据的挖掘和分析，国有企业可以评估客户的价值，从而实现客户资源的优化配置，提高营销投入产出比。

（二）个性化营销策略

大数据技术使得国有企业能够根据客户的具体需求和特征进行个性化推荐和定制。通过对客户行为数据的分析，企业可以实现精准营销，

提高客户满意度和忠诚度。个性化营销策略的关键要素包括以下方面。

（1）精准定位：国有企业应基于大数据技术对客户进行精细化分类，确定目标客户群体，从而实现精准营销。

（2）个性化推荐：利用大数据技术，国有企业可以根据客户的购买历史、浏览记录和兴趣爱好等信息，为其提供个性化的产品和服务推荐。

（3）定制化服务：国有企业可以通过大数据分析，了解客户的个性化需求，为客户提供定制化的产品和服务，从而提高客户满意度。

（三）跨界整合营销

利用大数据技术，国有企业可以发现不同行业、领域之间的联系和融合点，实现跨界整合营销，拓展市场空间。跨界整合营销的主要途径包括以下方面。

（1）产业链协同：国有企业应积极开展产业链上下游协同与合作，通过资源共享和跨界整合，提高市场竞争力。

（2）合作伙伴关系：国有企业可以通过大数据分析，挖掘与其他企业的合作潜力，建立长期稳定的合作伙伴关系，共同拓展市场。

（3）新业态探索：基于大数据分析，国有企业可以发现新的市场需求和商业模式，积极探索跨界整合的新业态，提高企业竞争力。

（四）社会化媒体营销

国有企业可以利用大数据分析社会化媒体上的用户行为和舆情，实现精准营销和品牌传播。社会化媒体营销的关键要素包括以下方面。

（1）舆情监控：国有企业应充分利用大数据技术，实时监测社会化媒体上的舆情动态，及时调整营销策略，维护企业品牌形象。

（2）内容营销：基于大数据分析，国有企业可以了解目标客户的兴趣爱好和需求，制定有针对性的内容营销策略，提高内容传播效果。

（3）互动营销：国有企业应充分利用社会化媒体平台，与客户建立互动关系，收集客户反馈，提升客户满意度和忠诚度。还可以通过开展线上活动、问答互动等方式，与客户保持紧密联系，增强品牌认同感。

（五）数据安全与隐私保护

在大数据背景下，国有企业市场营销创新过程中应重点关注数据安全与隐私保护。企业应采取以下措施确保数据安全与隐私保护。

（1）制定严格的数据安全政策：国有企业应制定详细的数据安全政策，明确数据收集、存储、使用和传输的规范和标准，确保数据安全。

（2）加强数据安全技术投入：国有企业应加大数据安全技术的研发和投入，采用先进的加密技术、防火墙等手段，保护数据安全。

（3）加强员工安全意识培训：国有企业应定期开展数据安全意识培训，提高员工对数据安全的认识和重视，确保数据安全能够全面落实。

（4）尊重用户隐私权：国有企业在进行市场营销活动时，应尊重用户的隐私权，合理收集和使用用户数据，遵守相关法律法规，维护用户隐私权益。

综上所述，基于大数据的国有企业市场营销模式创新涉及客户需求分析、个性化营销策略、跨界整合营销、社会化媒体营销以及数据安全与隐私保护等方面。在大数据背景下，国有企业应实现市场营销模式的创新，同时高度重视数据安全与隐私保护，确保市场营销活动的合规性和可持续性。

第三节　“新经济”背景下国有企业市场的营销模式

一、“新经济”背景下市场营销的相关分析

企业应积极拓展国际市场，加强线上营销能力，以实现更高效、更广泛的市场覆盖。通过深入研究国际市场需求、消费习惯和文化差异，企业可以制定更加贴合目标市场的营销策略，提升品牌在全球范围内的

知名度和竞争力。

企业在网络化市场营销中要充分发挥数据分析、用户行为研究等方面的优势，实现精准营销，提高市场渗透率。借助社交媒体、大数据等现代化手段，企业可以深入了解消费者需求，优化产品和服务设计，打造个性化的消费体验，从而提高客户满意度和忠诚度。在全球范围内开展市场营销活动时，企业应遵循当地法律法规，尊重当地文化传统，关注环境保护和可持续发展。只有这样，企业才能在国际竞争中树立良好的企业形象，赢得消费者和市场的认可。此外，企业在进行国际化和网络化市场营销的过程中，还需要不断创新，跟随市场趋势和技术进行变革。在全球化竞争日益激烈的环境下，企业要善于抓住新技术、新业态和新模式的发展机遇，加强创新能力，保持竞争优势，从而推动企业的可持续发展。

二、“新经济”背景下企业市场面临的机遇和挑战

（一）消费观念由满足基本需求转变为满足个性化需求

随着人们生活水平的提高和经济的快速发展，其消费观念正在发生着重大的变化，消费需求也开始向个性化需求转变。这种变化为企业提供了机遇，企业可以通过不同的渠道获取消费者的个性化需求，然后针对这些需求开发出更加多样化、个性化的产品和服务。例如，许多餐厅已经推出了个性化定制的菜单，可根据不同消费者的口味和喜好来调整菜品和味道；许多服装品牌也开始推出个性化定制的服装，可以根据不同的身材、喜好等来制作符合消费者个性化需求的衣服。

个性化需求不仅在日常消费中体现，也在旅游行业中得到了充分体现。如今，越来越多的人喜欢通过自由行来体验不一样的旅行，他们对于景点、食物、住宿、交通等都有不同的要求和期望。为了满足这些需求，旅游企业开始推出个性化定制的旅游套餐，根据不同人群的需求来组合出符合他们要求的旅游套餐，这为旅游企业带来了更多的市场竞争优势。

（二）信息技术发展带来了信息安全问题

企业可以通过互联网、社交媒体、移动应用等多种渠道来推广产品和服务，吸引潜在客户，提高销售额。信息技术的发展给企业带来了新的挑战，企业需要面对越来越复杂的信息安全问题，以及如何利用大数据和人工智能等技术进行精准营销的问题。

基于此，企业需要不断优化自身的运营模式，不断加强与客户的沟通和互动，以便更好地了解客户的反馈和需求，为客户提供更好的服务和体验。另外，企业需要综合考虑各种因素，不断优化市场营销策略和运营模式，以适应信息技术的发展和市场变化。只有这样，企业才能在激烈的市场竞争中脱颖而出，才能获得可持续发展。

三、“新经济”背景下企业市场营销战略新思维分析

（一）创新市场营销新理念

1. 整合营销

整合营销是指将各种营销工具和手段进行系统化组合，根据环境的变化和发展进行灵活的动态修正，以使交换双方在交换中实现价值满足并达到价值增值的营销理念与方法。

2. 文化营销

文化营销主要包括以客户的差异性文化需求为导向的市场营销观念，具有丰富多彩的文化品格的营销策略组合，以及以文化观念为前提的营销手段和营销服务。

3. 网络营销

随着IT技术和现代物流的发展，电子商务近年来得到突飞猛进的发展，互联网成为一个越来越重要的销售战场。网络营销即是指借助互联网或因特网实现的营销。与传统营销相比，网络营销通过网上虚拟商店

（电子商店）为客户提供商品或服务，公司无须设立店面、店房、装饰、摆放货品、服务人员等，只需在网上设立自己的网址，利用网上收集到的信息，由经销商为客户送货上门。

4. 绿色营销理念

绿色营销是指将绿色、环保等概念在产品的营销过程中凸显，并以此来选择和确定营销策略组合，从而吸引顾客的营销理念。绿色营销强调企业从保护环境充分利用资源和承担社会责任的角度出发，在产品研制、开发、销售和售后服务等各个环节中采取各种环保、节能的措施，最终实现企业利益、消费者需求和社会长远发展三方面的综合平衡。

（二）有效应用现代化信息技术

在“新经济”背景下，线上市场营销模式相比传统的线下模式更具优势，企业可以通过网络平台更加有效地分析客户信息，并深入分析平台上的数据，了解消费者的需求和购买行为。根据市场的实际情况和不同消费群体的需求，企业需要不断调整市场营销策略，以提供更贴近消费者需求的产品和服务。

（三）深度挖掘核心竞争力，加强企业核心产品研发

“新经济”背景下，企业的产品宣传方式越来越多元化，个性化、特殊化的宣传方式已经成为一种重要的市场营销手段。企业必须深入了解消费者的需求，通过各种方式向消费者展示产品的功能和特点。在进行企业产品宣传时，企业要注重突出产品的特点和核心内容。通过宣传产品的特点，让消费者更好地了解产品的性能和功能。对于消费者而言，了解产品的特点和功能对于购买产品具有重要的参考价值。因此，企业要在宣传产品的时候重点强调产品的核心内容和特点，使消费者能够充分了解产品的优点，更好地满足消费者的需求。同时，企业要结合线上和线下市场营销模式，制定不同的市场营销战略新思维。对于线上市场

营销而言，企业可以通过社交媒体、电商平台等渠道展示产品，吸引更多的消费者。对于线下市场营销而言，企业可以通过展会、路演等方式，让消费者更好地了解产品和企业的品牌形象。不同的市场营销方式适用于不同的消费群体，因此企业需要针对不同的消费群体进行市场营销策略的制定，以更好地满足消费者的需求。

（四）注重市场规划的合理性

在社会经济快速发展的背景下，企业面临的市场竞争比较激烈。针对不同的市场环境，企业需要采取不同的市场营销方式。对于新兴企业而言，提供优质的产品和服务是开展营销活动的关键，因此企业需要加大投入，提高产品的研发质量，建立可靠的品牌形象和口碑。在市场饱和的情况下，企业应该通过创新和改良产品的销售模式，为消费者提供更多元化的选择和更便捷的购买方式，以提高消费者的忠诚度和满意度。

在市场营销规划中，科学化和合理性是企业成功的关键之一。首先，企业需要针对自身的市场定位和产品定位，制定出与之相应的市场营销策略。其次，企业需要对市场的基础数据、趋势分析、竞争状况等信息进行全面了解和分析，以便更好地把握市场的变化和发展趋势。最后，企业应该在制定市场营销战略时注重对消费者需求的深入调研和分析，以便更好地了解消费者的喜好、消费行为和购买决策等方面，从而提供更为个性化的产品和服务，建立起消费者与企业之间的长期合作关系。

此外，企业需要将市场规划与实际执行紧密结合起来。市场规划只是企业制定市场营销战略的一部分，更重要的是在实际的市场营销过程中不断调整和改进策略，以适应市场的变化和需求。企业需要建立一个完整的市场营销体系，从产品设计、市场调研、营销策略、销售推广、客户服务等各个环节全方位地提高企业的营销水平，从而使企业在市场竞争中获得可持续发展。

参考文献

一、专著类

[1] 国企党建丛书编写组 . 国有企业改革发展探索 [M]. 南宁：广西人民出版社，2017.

[2] 马安宁，张洪才 . 市场营销实务 [M]. 济南：山东科学技术出版社，2004.

[3] 肖先勇，杨洪耕，李兰弟 . 电力市场营销 [M]. 成都：四川大学出版社，2002.

[4] 李相植 . 国有企业宏观管理 [M]. 延吉：延边大学出版社，2006.

[5] 王文超 . 服务企业国际营销战略研究 [M]. 武汉：武汉大学出版社，2009.

[6] 傅雷 . 世界 500 强企业顶尖营销策略 [M]. 深圳：海天出版社，2007.

[7] 刘永龙 . 企业经营管理概论 [M]. 长春：吉林科学技术出版社，2021.

[8] 康锦江 . 国有企业重组案例研究 [M]. 沈阳：东北大学出版社，2002.

[9] 李春明 . 现代市场营销术 [M]. 西安：陕西人民出版社，1988.

[10] 卡特奥拉 . 国际市场营销 [M]. 钟达关，尹茂苑，译 . 北京：中国财政经济出版社，1989.

[11] 殷勤凡 . 跨国市场战略营销学 [M]. 上海：立信会计出版社，2000.

[12] 李传屏 . 营销论语 [M]. 北京：中国市场出版社，2006.
[13] 孙建中 . 市场营销原理与应用 [M]. 天津：天津社会科学院出版社，1995.
[14] 罗婉容，罗海成 . 当代市场营销 [M]. 北京：航空工业出版社，1999.
[15] 赵松云 . 市场营销知识手册 [M]. 北京：航空工业出版社，1995.
[16] 钟懿辉 . 国有企业国际化战略管理 [M]. 北京：国防大学出版社，2004.
[17] 景奉杰 .WTO 后过渡期的企业营销 [M]. 北京：冶金工业出版社，2006.
[18] 石泽杰 . 营销战略升级与模式创新开创企业价值营销新时代 [M]. 北京：中国经济出版社，2013.

二、期刊类

[1] 吕小龙 . 大数据分析在国有企业市场营销中的运用探讨 [J]. 现代营销（经营版），2022（2）：135–137.
[2] 攸连庆，邢涛，卜瑞 . 新经济背景下国有企业市场营销战略新思维分析 [J]. 中国商论，2021（24）：132–134.
[3] 韩金池 ."互联网 +"下国有企业市场营销管理创新方略 [J]. 现代商贸工业，2021（18）：34–35.
[4] 张玲娜 . 大数据分析在国有企业市场营销中的运用探讨 [J]. 内蒙古煤炭经济，2021（09）：82–83.
[5] 韩金池 . 市场营销视角下国有企业经济管理模式的改革创新研究 [J]. 经济管理文摘，2021（9）：39–40.
[6] 蔡辉 . 大数据分析在国有企业市场营销中的运用探讨 [J]. 现代商贸工业，2021（2）：64–65.
[7] 吕辉 . 建筑市场营销的时代现状与转型创新 [J]. 科技创新导报，2019（12）：173–174.
[8] 蒋露姣 . 企业市场营销的意义与发展研究 [J]. 现代营销（经营版），2020（7）：158–159.

[9] 王勇 . 浅谈国企市场营销中的创新思维 [J]. 现代营销(信息版), 2020(6): 234–235.
[10] 李文进 . 浅谈国企市场营销存在的问题及对策 [J]. 中外企业家，2020（10）：82–83.
[11] 王静疆 . 国有纺织服装企业营销工作难点及改进策略研究 [J]. 企业改革与管理，2019（19）：97，101.
[12] 舒畅 . 市场经济环境下提升国有企业市场营销能力的措施探讨 [J]. 现代商业，2019（28）：23–24.
[13] 单思盈 . 浅谈我国煤炭企业市场营销的创新思路 [J]. 现代经济信息，2019（6）：140.
[14] 姚新华 . 浅析国有企业的市场营销及企业信息化与营销创新 [J]. 中外企业家，2019（3）：122.
[15] 张敏 . 市场营销对国有企业的重要意义及注意的问题 [J]. 花炮科技与市场，2018（1）：61–62，67.
[16] 刘文思 . 经济新常态下国有企业市场营销中的问题及策略 [J]. 知识经济，2017（18）：89–90.
[17] 多艳玲 . 国有企业市场营销的意义分析及发展方向探讨 [J]. 现代商业，2017（11）：114–115.
[18] 吴迪 . 浅谈国有企业的市场营销及企业信息化与营销创新 [J]. 甘肃冶金，2008（2）：87–89.
[19] 段文开 . 试述我国国有企业市场营销中存在的挑战及其对策 [J]. 科技资讯，2008（5）：249–250.
[20] 吴志清，黄忠林，国英 . 机电产品市场营销专业建设调研报告 [J]. 机械职业教育，2003（4）：5–8.
[21] 魏紫微 . 从市场营销视角看国有企业工作机制的创新及改革 [J]. 现代商业，2016（33）：21–22.
[22] 穆腾飞，唐力，刘艳梅，等 . 作风建设在国有企业市场营销中的意义 [J].

环球市场信息导报，2016（34）：36.
[23] 周子敬，张程，李雪连．经济新常态下国有企业市场营销中的问题及策略 [J]. 企业导报，2016（8）：109–110.
[24] 龚俊国．国有企业如何做好购、产、销三个阶段 [J]. 经营与管理，2015（10）：64–66.
[25] 左亚娟．浅谈国有企业的市场营销及企业信息化与营销创新 [J]. 中小企业管理与科技（下旬刊），2015（5）：33.
[26] 庄勺武．国有企业市场营销存在的问题及对策 [J]. 现代经济信息，2015（5）：108.
[27] 崔媛婷．对我国转型期国有企业营销环境的探讨 [J]. 中国商贸，2013（26）：27–28.
[28] 孙丕悦，谢涛．试论国企市场营销中的创新思维 [J]. 中国市场，2013（25）：28–29.
[29] 谢星．现代企业科学管理的解析与探索 [J]. 四川水力发电，2010（3）：147–151.
[30] 姜岚影．论国有企业市场营销的意义和发展方向 [J]. 现代经济信息，2011（12）：81.
[31] 吴万宏．论社会主义市场经济条件下企业市场营销中的问题与对策 [J]. 企业家天地，2011（6）：10.
[32] 高学军.21 世纪国有企业营销观念新变革 [J]. 现代经济信息，2011（10）：79.
[33] 樊国华．国有企业市场营销中的问题与对策 [J]. 技术经济与管理研究，2007（1）：109–110.
[34] 王广青．浅谈国有企业市场营销中的问题与对策 [J]. 沿海企业与科技，2005（4）：38–39.
[35] 张亮．论企业经营理念创新 [J]. 党政干部学刊，2004（1）：18–19.
[36] 姜莹．加强企业市场营销 促进经济健康发展 [J]. 广西经贸，2003（11）：

39–40.
[37] 罗红英 . 从市场营销活动看国有企业改革 [J]. 贵州民族学院学报（哲学社会科学版），2003（6）：112–114.
[38] 史承都 . 钢铁国有企业与民营企业市场营销差异 [J]. 山东冶金，2003（4）：31–33.
[39] 韦力生，黄统 . 国有企业改革的思考 [J]. 江苏水利，2002（11）：42–43.
[40] 王宗坑 . 提高国有企业竞争力的几个问题 [J]. 集美大学学报（哲学社会科学版），2002（3）：46–50，55.
[41] 邝劲松，李五四，王帅师，等 . 国有企业必须实现管理理念创新 [J]. 化工管理，2002，（02）：37–38.
[42] 叶剑豪 . 论国有建筑施工企业的竞争策略 [J]. 广州建筑，2001（6）：42–46.
[43] 杨光 . 知识经济与企业市场营销 [J]. 安徽科技，2001（9）：29–30.
[44] 曲春玲 . 关于深化国有企业改革的几点思考 [J]. 广东经济，2001（5）：42–43.
[45] 赵界欢，陈环，艾明才 . 国有企业走出困境的管理对策研究 [J]. 煤矿现代化，2001（2）：7–9.
[46] 李文元，梅强 . 恶性价格竞争成因探讨 [J]. 江苏理工大学学报（社会科学版），2001（1）：43–47.
[47] 张同信 . 论国有企业经济运行的困境与对策 [J]. 南京社会科学，2000（S2）：170–173.
[48] 谷春梅 . “入世”与国有企业管理 [J]. 工业技术经济，2000（6）：71–72.
[49] 殷勤凡 . 跨世纪的国有企业市场营销方略 [J]. 企业经济，2000（11）：57–59.
[50] 胡莉莉 . 市场营销管理与创新 [J]. 经济问题探索，2000（10）：57–59.

[51] 纵横 . 面对世纪商机 [J]. 东方企业家，2000（9）：40–45.
[52] 洪静 . 国有企业改革中存在问题及对策 [J]. 工业技术经济，2000（4）：22–23.
[53] 杨岳莹 . 浅谈如何搞好国有企业的市场营销工作 [J]. 福建轻纺，2000（4）：12–14.
[54] 于玉林 . 关于国有企业改革几个会计理论问题的探讨 [J]. 对外经贸财会，2000（3）：6–8.
[55] 李英豪 . 国有企业市场营销工作的几点思考 [J]. 辽宁经济，2000（2）：29.
[56] 林顺贵 . 论新时期国有企业管理转型 [J]. 福建建材，2000（1）：14–15.
[57] 郑元湖，顾银祥 . 加强市场营销工作 重振国有企业雄风 [J]. 柴油机设计与制造，1999（4）：47–53，43.
[58] 刘大纶 . 试论买方市场条件下国有企业市场营销三因素 [J]. 石油化工管理干部学院学报，1999（4）：43–47.
[59] 许宁，时盛英 . 强化市场营销 搞活国有企业 [J]. 中共福建省委党校学报，1999（10）：57–60.
[60] 张万鹏 . 论深化企业改革与加强企业管理的关系 [J]. 中国农垦经济，1999（8）：14–15.
[61] 张万鹏 . 浅析企业深化改革与加强管理的关系 [J]. 农场经济管理，1999（4）：18–20.
[62] 杜莹芬，沈志渔 . 加强企业管理　迎接 21 世纪的挑战 [J]. 经济管理，1999（6）：26–29.
[63] 祁转运，姜国翔，谭显庆 . 提高市场竞争力是企业扭亏解困的重要环节 [J]. 江汉石油职工大学学报，1999（2）：14–17.
[64] 梁民 . 营销制胜的若干规则解读 [J]. 煤炭经济研究，1999（4）：40–41.

[65] 陈筠祥 . 析国有企业存在的几个问题 [J]. 上海企业，1999（4）：13-15.
[66] 邱玉臣 . 加强市场营销是国有企业摆脱困境的根本途径 [J]. 呼伦贝尔学院学报，1999（1）：17-18，35.
[67] 汪又农 . 市场创新：国有企业改革和发展的有效选择 [J]. 广州市经济管理干部学院学报，1999（1）：69-71.
[68] 李凤岐 . 国有企业市场营销观念转变的思考 [J]. 内蒙古经济管理干部学院学报，1999（1）：41-43，47.
[69] 刘文俭 . 知识经济对国有企业市场营销的影响与对策 [J]. 中国科技产业，1998（12）：10-11.
[70] 王晋，陈黎 . 国有企业市场营销现状及未来发展浅析 [J]. 国有资产管理，1998（10）：41-42.
[71] 张大龙，孙宇晖，张银杰，等 . 深化国有企业改革笔谈 [J]. 当代经济研究，1998（5）：33-48.
[72] 蓝玲 . 在国有企业经营机制转换中对市场营销的思考 [J]. 纯碱工业，1998（4）：54-59.
[73] 朱建荣 . 国有企业树立市场营销观念所面临的问题 [J]. 北京商学院学报，1998（4）：11-14.
[74] 郁芝 . 国有企业市场营销现状及对策 [J]. 山西财经大学学报，1998（3）：34-36，47.
[75] 王双立，闻静 . 论国有企业管理中存在的问题及对策 [J]. 工业技术经济，1998（3）：11-12，15.
[76] 于克信 . 社会主义初级阶段与我省国有企业改革 [J]. 云南经济管理干部学院学报，1998（1）：20-25.
[77] 闫涛蔚 . 国有企业：市场营销新的发展点 [J]. 统计与信息论坛，1997（4）：35-38.
[78] 郭国庆 . 加强市场营销管理 提高国有企业竞争活力：关于加强国有企

业市场营销工作的几点建议 [J]. 湖南商学院学报，1997（4）：3–4.

[79] 王恕立，康灿华 . 论现代企业制度下国有企业的市场营销 [J]. 工业技术经济，1996（6）：12–14.

[80] 曾国祥 . 国有企业“转机建制”的几点思考 [J]. 中外企业家，1994(Z3): 26–29.

[81] 陶琲，王济光 . 中国宏观环境变化与企业市场营销 [J]. 商业经济与管理，1994（5）：9–13.

[82] 陶琲 . 市场经济与企业营销 [J]. 销售与市场，1994（1）：12–13.

三、论文类

[1] 陈昌全 .S 市 STK 公司发展战略研究 [D]. 桂林：广西师范大学，2019.

[2] 韦睿 . 国有施工企业市场营销策略设计研究 [D]. 石家庄：石家庄铁道大学，2019.

[3] 罗林 .AC 宾馆市场营销策略分析 [D]. 成都：西南交通大学，2012.

[4] 宋慧捷 . 国有石化企业市场营销风险控制 [D]. 青岛：中国海洋大学，2009.

[5] 王瑾 . 基于建设供应链的建筑企业市场营销研究 [D]. 哈尔滨：哈尔滨工业大学，2007.

[6] 樊海滨 . 企业市场营销策略研究：柳工装载机市场营销分析 [D]. 南京：南京理工大学，2002.

[7] 高虹 . 国有工艺品外贸公司的核心竞争能力研究 [D]. 北京：对外经济贸易大学，2001.